Destemida

Destemidos

21 dias
avançando
pela fé

Naiane
Câmara

quatro ventos

Editora Quatro Ventos
Avenida Pirajussara, 5171
(11) 99232-4832

Diretor executivo: Raphael Koga
Editora-chefe: Marcella Passos

Editora responsável: Giovana Mattoso de Araújo

Editoras:
Anna Padilha de Moura
Eduarda Seixas

Diagramação: Suzy Mendes
Capa: Vinícius Lira

Todas as citações bíblicas e de terceiros foram adaptadas segundo o Acordo Ortográfico da Língua Portuguesa, assinado em 1990, em vigor desde janeiro de 2009.

Todo o conteúdo aqui publicado é de inteira responsabilidade da autora.

Todas as citações bíblicas foram extraídas da Nova Almeida Atualizada, salvo indicação em contrário.

Citações extraídas do site *https://bibliaonline.com.br/naa.* Acesso em outubro de 2023.

1ª Edição: novembro de 2023

Catalogação na publicação
Elaborada por Bibliotecária Janaina Ramos – CRB-8/9166

C172d

Câmara, Naiane

Destemidas: 21 dias avançando pela fé / Naiane Câmara. – São Paulo: Quatro Ventos, 2023.

192 p.; 14 X 21 cm
ISBN 978-65-89806-93-6

1. Oração - Cristianismo. 2. Bíblia. 3. Devoção. 4. Vida cristã. I. Câmara, Naiane. II. Título.

CDD 269.24

Índice para catálogo sistemático
I. Oração - Cristianismo

Sumário

Como usar

Você tem nas mãos o mapa para 21 dias que impulsionarão mulheres como você e eu a avançarem na fé, a serem *Destemidas*! O desejo do meu coração é que, durante esses dias, você seja confrontada e chacoalhada por Deus, deixando o seu passado para trás e fixando os seus olhos nos planos do Senhor para a sua vida.

Separei algumas dicas para ajudá-la a se preparar para essa aventura!

1

Reserve um tempo específico do dia para esses momentos

A rotina de uma mulher é sempre um furacão. Filhos, casa, marido, trabalho... Todas essas coisas acontecem ao mesmo tempo e, se você não separar um momento na sua agenda ou colocar um despertador para lembrá-la do seu compromisso diário com Deus (e comigo também, *hein*?!), o seu dia acabará, e você não terá trilhado mais um trecho da nossa caminhada.

2

Escolha um lugar confortável

Nosso momento com Deus precisa ser confortável. Vá para um canto onde as crianças não atrapalhem ou o som da televisão não tire a sua concentração. Feche a porta e abra o seu coração para o que o Senhor possa fazer tudo o que Ele tem para a sua vida.

3

Leia as referências bíblicas e medite nelas

Ao longo dos nossos devocionais, eu adicionei alguns versículos para serem consultados. É muito importante que você abra a sua Bíblia, se alimente dessas passagens e medite no que o Espírito Santo tem para ministrar ao seu coração.

4

Anote tudo o que o Senhor falar com você

Tenha um caderno ou o bloco de notas à mão! Pode fazer anotações daquelas dignas de serem repostadas no Instagram, cheias de *frufrus*, ou simplesmente pegar sua caneta azul e um papel. Se preferir, anote no bloco de notas do seu celular, também. O importante é registrar aquilo que o Senhor falar ao seu coração.

5

Coloque a mão na massa

"Acredita e vai" é um comando de Deus para as nossas vidas, então, não pense que vai ficar parada nesses 21 dias de caminhada! Para ajudá-la, eu trouxe perguntas, passos práticos e orações fervorosas para que você coloque em prática tudo o que escrevi aqui.

Este livro não é uma receita de bolo, mas tenho certeza de que, se você não falhar em nenhum dos dias e colocar em prática tudo o que é proposto aqui, o Senhor a conduzirá para longe do desânimo, do vitimismo e da zona de conforto.

Talvez a dúvida e o medo de não conseguir cumprir com o seu compromisso tenham batido, e você esteja se perguntando se este desafio é mesmo o que precisa agora. Mulher, Deus tem o novo e a vitória para a sua vida! Ele quer conduzi-la por esse processo e concretizar todos os sonhos que sonhou para você! Seja *Destemida*!

Introdução

[...] Esquecendo-me das coisas que ficam para trás e avançando para as que estão diante de mim, prossigo para o alvo, para o prêmio da soberana vocação de Deus em Cristo Jesus. (Filipenses 3.13-14)

Querida amiga, antes que a nossa caminhada comece, é importante que eu compartilhe com você um pouco da minha trajetória e da gestação deste livro devocional. Tenho total convicção de que, se o Senhor me colocou no lar em que nasci e me fez andar por estradas tão distantes do convencional, foi para que o nome d'Ele fosse exaltado e para que eu pudesse alcançar outras vidas com os meus relatos a respeito de Sua glória e poder.

Posso até parecer uma dondoca *phyna*, mas a verdade é que, como Rute, o Senhor me tirou da minha terra natal e me enviou para um lugar distante, Ele provou a minha fé ao máximo e me ensinou a ser humilde e destemida, para que a obra d'Ele pudesse ser completa em mim e em você!

Tenho certeza de que, em algum momento da sua vida, você já olhou para trás. Tudo bem! Isso, até certo ponto, é saudável e importante, mas precisamos ficar atentas. Muitas vezes, quando estamos no olho do furacão, o Diabo se aproveita dessas lembranças para nos fazer sentir aquela nostalgia, aquela autocomiseração, sabe? Ele nos lembra dos sonhos que ainda não se concretizaram e das oportunidades que foram perdidas. Então, facilmente somos engolidas por esses medos e sentimentos tóxicos, e deixamos de enxergar a nossa trajetória com os olhos do Senhor.

Um exemplo clássico de alguém que perdeu a visão de Deus é o da mulher de Ló (cf. Gênesis 19). Não sabemos quase nada a respeito de sua vida — nem sequer o seu nome —, mas o que se eternizou e reverbera até os nossos dias, milhares de anos depois, é o resultado da sua *olhadinha* para o passado.

Quando visitamos a nossa história e nos permitimos ser envolvidas apenas pelas dores, traumas e confrontos, nós aumentamos o volume de todas essas vozes e deixamos de ouvir os direcionamentos do Pai. No caso da família de Ló, a ordem de Deus tinha sido "Não olhe para trás" (Gênesis 19.17). Era muito simples! Mas a ajudadora de Ló se deixou envolver pela história e pelo percurso já trilhado, ela se esqueceu do comando do Senhor e, principalmente, deixou de confiar em Sua soberania.

Agir como a mulher de Ló é o oposto da fé. É a falta de confiança na única palavra que nos basta: a de Deus! Quem recua fica para trás e, definitivamente, não é isso que Ele tem para nós! Fomos feitas para ser o sal da Terra e não estátuas de sal!

Quem recua fica para trás e, definitivamente, não é isso que Ele tem para nós!

O que você tem em mãos hoje é a oportunidade de fazer diferente, de olhar para frente, ser destemida e recomeçar! Com Deus, não existe nenhum "processo ideal", Ele é especialista em refazer tudo! *Destemidas* é um chamado de Deus para as mulheres que, por vezes, foram engolidas pelas mentiras do Diabo e paralisadas pelo medo. É uma declaração de fé sobre as suas vidas.

As páginas a seguir foram escritas com o intuito de impulsioná-la a avançar pela fé. Serão 21 dias regados de porções de fé que não a deixarão ficar presa no passado. É importante que você, querida amiga, saiba que o aviso dado àquela mulher ainda ecoa, para nos deixar alertas quanto à nossa obediência a Deus e nos instruir a sermos *Destemidas,* sempre seguindo em frente.

De todas as mulheres da Bíblia, Jesus não pede para que você se lembre de Rute, Sara, Ester, ou de tantas outras servas do Senhor, mas sim de uma mulher sem nome e sem história que não confiou em Sua palavra (cf. Lucas 17.32). O Senhor nos ama tanto que fez questão de deixar isso registrado para nós.

O passado não tem mais poder para impedir que viva o seu futuro! Você vai viver o novo de Deus e tudo aquilo que Ele sonhou para a sua vida e para a sua família, assim como está escrito em Filipenses 3.13-14!

O passado não tem mais poder para impedir que você viva o seu futuro!

Você não precisa mais ficar no meio do caminho, pois as respostas para suas perguntas, a força que precisa para se levantar, a coragem necessária para assumir as rédeas de sua própria vida, a fé necessária para romper… tudo isso — e muito mais — está disponível através de Cristo, e eu creio, de todo o meu coração, que viveremos esse destravar nas próximas páginas. O Senhor é contigo! Então, não se limite aos medos e fantasmas do passado, seja destemida!

uando visitamos a nossa
istória e nos permitimos ser
nvolvidas apenas pelas dores,
aumas e confrontos, nós
umentamos o volume de todas
ssas vozes e deixamos de ouvir
s direcionamentos do Pai.

Quando visitamos a nossa história e nos permitimos ser envolvidas apenas pelas dores, traumas e confrontos, nós aumentamos o volume de todas essas vozes e deixamos de ouvir os direcionamentos do Pai.

Dia 1

A beleza do encontro

Mas agora, assim diz o Senhor, que o criou, ó Jacó, e que o formou, ó Israel: Não temas, porque eu o remi; eu o chamei pelo seu nome; você é meu. (Isaías 43.1)

Se alguém me dissesse, lá atrás, quem eu seria e tudo o que viveria, com certeza eu daria uma bela gargalhada. Diferentemente do que muita gente que me acompanha pensa, não vim de um lar evangélico. Filha de mãe *muambeira*[1] e pai mecânico — e alcoólatra —, a máxima da minha casa era: "Esses crentes não passam de um bando de loucos!".

Quando eu tinha oito anos de idade, minha família e eu nos mudamos para os Estados Unidos com apenas dois recursos: um sonho de um futuro melhor

[1] "Muambeiro" é uma gíria brasileira que se refere a pessoas que vendem mercadorias sem autorização ou sem pagar os impostos devidos, geralmente vendedores ambulantes.

e cem dólares no bolso, o famoso *American Dream*[2], sabe? Mas não pense que esse suposto futuro tinha relação com meus estudos ou minha profissão. O desejo da minha mãe não era que me tornasse médica, advogada, veterinária, que dirá pastora... O sonho dela, na verdade, era que eu fosse *paquita* da Xuxa![3] E era isso que fazia questão de repetir para todos os cantos: "Minhas filhas serão famosas, vão trabalhar na televisão!".

Com o passar do tempo, a vida no exterior foi nos apresentando uma realidade muito diferente da que meus pais idealizaram. Sofri, por anos, com o vício do meu pai e com a ausência dele e da minha mãe. Entenda, querida, que essa ausência não foi falta de amor. A vida de um imigrante não é fácil, e meus pais precisavam trabalhar dia e noite, por isso, eu e a minha irmã precisamos *nos virar* muito cedo. Uma das minhas formas de escape foi começar a trabalhar bem cedo, aos quatorze anos, vivendo uma correria constante em busca de condições melhores. Mas, durante todo esse processo, havia alguém orando por mim e fazendo declarações proféticas ao meu respeito. Minha querida tia Elma, irmã da minha mãe, que já morava nos EUA

---

[2] O *American Dream* ("Sonho Americano", em português) é um conceito que faz parte da cultura e história dos Estados Unidos e representa a ideia de que, nesse país, qualquer pessoa, independentemente de sua origem social, econômica ou étnica, tem a oportunidade de alcançar o sucesso por meio da dedicação e do mérito próprio.

[3] *As paquitas* eram um grupo de assistentes de palco que trabalharam ao lado da apresentadora de televisão brasileira Xuxa nos anos 80 e 90.

quando fomos para lá, sempre reagia quando minha mãe dizia que as filhas seriam famosas: "Essas meninas servirão a Jesus!". Ela foi a primeira a me levar para uma igreja no novo país, e quantas sementes plantou em mim!

Tempos depois, quando já nem morávamos com ela, o convite de uma amiga para ir à igreja participar de uma vigília promovida pelo grupo de jovens mudou a minha história para sempre. Foi naquela madrugada que eu aceitei a Jesus como meu Senhor e Salvador, e nada nunca mais foi igual. Que dia inesquecível!

Foi naquela madrugada que eu aceitei a Jesus como meu Senhor e Salvador, e nada nunca mais foi igual.

Neste momento, talvez esteja se perguntando por que comecei esse primeiro dia de devocional contando sobre o meu encontro com o Senhor, e a resposta é simples: quero despertar memórias importantes em você, também! A Bíblia nos traz uma verdade preciosa sobre isso.

> *Quero trazer à memória o que pode me dar esperança. Hete — As misericórdias do Senhor são a causa de não sermos consumidos, porque as suas misericórdias não têm fim; renovam-se cada manhã. Grande é a tua fidelidade.* (Lamentações 3.21-23)

É nesse sentido que, às vezes, eu me pego pensando sobre o que seria da minha vida sem Jesus. Qual seria o meu destino? Que futuro teria? Quem seria sem as misericórdias infinitas do Senhor? Eu sou eternamente grata porque Ele me amou primeiro (cf. 1 João 4.19), me chamou, me perdoou e me escolheu (cf. Romanos 8.30). Entenda isto, minha amiga: o encontro com Jesus será para sempre o encontro mais importante da minha vida, e deve ser o da sua também!

A você que já tem caminhado com Ele, que tal trazer esse dia à sua memória? Consegue lembrar-se da data, do lugar onde estava e das emoções que tomaram conta do seu coração? Você consegue visualizar quanta beleza existe nesse encontro? Já parou para pensar onde estaria sem Ele?

Nós estamos, hoje, iniciando uma jornada juntas, e eu não posso garantir que você vai ter a vitória e se tornará uma mulher destemida se não convidar para sua vida Aquele que nunca perdeu — o Senhor invencível em todas as batalhas (cf. Salmos 24.8). Por isso, este vai ser o nosso acordo. Jesus precisa fazer parte destes 21 dias, combinado?

Este é o momento de tomar uma atitude de fé e viver algo novo!

Da mesma forma, se você que está lendo ainda não teve esse encontro, ou se afastou desse amor há muito tempo e tem caminhado longe dos Seus caminhos, não se preocupe. Este é o momento de tomar uma **atitude de fé** e viver algo novo! Eu a convido a repetir esta oração comigo agora mesmo, onde estiver.

“Pai, eu pequei contra Ti. Pensei que pudesse andar sozinha, construir meus próprios caminhos e viver uma vida independente, mas me enganei. Nesta hora, lava-me com o precioso sangue de Jesus! Creio no Filho de Deus, Aquele que desceu à Terra, viveu, sofreu e morreu numa cruz em meu lugar, mas ressuscitou, e hoje vive! Ele fez tudo isso para me dar livre acesso a Ti, Deus, e o precioso presente da salvação. Hoje, eu Te convido a entrar na minha vida e rejeito tudo que não tenha vindo do Senhor. Entrego o meu coração a Ti nesta hora e peço: perdoa os meus pecados e envia o Teu Santo Espírito para me ajudar a trilhar os caminhos que o Senhor sonhou para mim. Obrigada por tamanho amor, graça e misericórdia. Eu oro em nome de Jesus, amém!”.

Acredita e vai!

1

Agora que você já trouxe à memória o dia do seu encontro com Jesus, registre isso em seu caderno. Tente adicionar o máximo de detalhes possível. Esse é um dia que merece ficar guardado na sua história!

2

Vá um pouco mais fundo no baú e tente se lembrar, também, de como era a sua vida antes de Cristo. Agradeça ao Senhor por tê-la transformado e reconheça que, sem Ele, você seria apenas pó (cf. Salmos 103.14).

O encontro com Jesus s
para sempre o encontro m
importante da minha vi
e deve ser o da sua tamb

O encontro com Jesus será para sempre o encontro mais importante da minha vida, e deve ser o da sua também!

Dia 2

O chamado do Alto

Logo, já não sou eu quem vive, mas Cristo vive em mim. E esse viver que agora tenho na carne, vivo pela fé no Filho de Deus, que me amou e se entregou por mim. (Gálatas 2.20)

Quando entreguei minha vida a Jesus, foi com todas as forças que eu tinha. É claro que meu processo de transformação aconteceu pouco a pouco, mas, mesmo sendo jovem, já sabia que aquela era a melhor decisão que poderia tomar em toda a minha vida. Foi amor à primeira vista.

Lá em casa, eu e a minha irmã, Naiara, éramos as únicas cristãs, o que deixou tudo um pouco mais... desafiador. Meu pai não aceitava a nossa escolha, e, quando precisava nos castigar, a punição sempre era algo parecido com "Hoje você não vai à igreja" ou "Está proibida de ir àquele encontro de jovens".

A igreja se tornou meu verdadeiro lar, um lugar de paz, e a minha vida se tornou Cristo. Seguir a Jesus não era algo que eu encaixava em outras demandas, e sim a maior prioridade. Na época, meu pastor — Pr. Ouriel de Jesus — me proporcionou um tempo extraordinário! Tenho a alegria de poder contar que meu ministério começou na Revival Church for the Nations, em Boston. Todo esse fogo em minha vida veio de lá, viu? O período em que caminhei perto dessa família pastoral, com a qual aprendi muito e à qual sempre serei grata, aumentou em mim a paixão pelo Evangelho e, principalmente, o desejo de cuidar de gente. Eu sabia que tinha sido chamada para isso!

Alguns pensam que herdei o título de pastora por estar casada com meu esposo, André, que é pastor, mas, na realidade, quando nos conhecemos, eu já exercia o ministério e ele não! Isso porque mergulhei fundo nos estudos das Escrituras, formei-me em Teologia e, com dezoito anos, fui consagrada a pastora, naquela mesma igreja nos Estados Unidos (aliás, acho importante deixar claro, também, que os EUA são um país bem diferente do Brasil quando se trata de mulheres no ministério — ainda mais quando comparamos com a cultura de uma igreja tão tradicional como a Assembleia de Deus).

Sabe por que estou compartilhando tudo isso? Para fazê-la entender que **Deus sempre chama os Seus**, independentemente da sua situação financeira, familiar ou emocional, do seu presente ou passado. Ele me

> **Deus sempre chama os Seus, independentemente da sua situação financeira, familiar ou emocional, do seu presente ou passado.**

chamou e a está chamando, está fazendo isso agora mesmo! Você tem ideia de qual é o seu chamado nesta Terra? Se sim, como tem se movido para cumpri-lo? Por acaso, em algum momento, você fugiu ou desprezou aquilo que o Senhor lhe confiou? Chegou a hora de ser uma mulher destemida, despertar e honrar a Deus com aquilo que está em suas mãos!

Pode ser que o Senhor não tenha chamado você para cuidar de uma igreja, como aconteceu comigo, mas talvez Ele a chame para empreender, compartilhar seu testemunho, ser esposa ou, quem sabe, ser mãe. Você se lembra da história de Joquebede? Talvez, pelo sucesso da canção que leva o nome desta mulher de Deus, uma melodia já esteja tocando em sua cabeça, mas até pouco tempo atrás muitos se perguntavam: "*Joque* o quê?". Bem diferente de quando falamos sobre Sarah, Ester, Rute... mulheres conhecidas por seus grandes feitos.

Joquebede foi mãe e cuidou do que era dela da melhor maneira que podia. Escondeu seu filho da sentença de morte decretada pelo faraó, usando o que tinha em mãos para vedar um cesto que julgou ser seguro para proteger o bebê (cf. Êxodo 2.3). Ela conseguiu amamentar e cuidar dele, mesmo depois de ter sido adotado pela filha do faraó (cf. Êxodo 2.9), e continuou a cumprir o papel de mãe de alguém que se tornou um grande homem e que conhecia o Deus do seu povo. Por isso, quando o Senhor apareceu na sarça e chamou Moisés pelo nome, ele imediatamente respondeu: "Eis-me aqui" (cf. Êxodo 3.4).

O chamado de Joquebede foi o de proteger um menino que não era apenas o seu filho, mas aquele que seria o futuro libertador do povo de Deus. O que quero dizer com isso é que todas nós temos um chamado, e, por menor que ele pareça ser, o Senhor tem planos para aquilo que Ele coloca em nossas mãos — muitas vezes, maiores do que imaginamos.

Mulher, não existe chamado melhor ou pior, maior ou menor. O segredo é buscar entender do Senhor qual é a missão que Ele estabeleceu para sua vida, para, então, dizer: "Eis-me aqui"!

Acredita e vai!

1

Pode ser que aquilo que o Senhor tenha colocado no seu coração seja algo grandioso e, assim como Moisés, você tenha dito: "Quem sou eu?" (cf. Êxodo 3.11). Mas, neste segundo dia de devocional, quero incentivá-la a declarar em alta voz: "Eu sou filha amada!".

2

Faça uma lista com as coisas que Deus colocou em suas mãos e ore pedindo por capacitação sobrenatural.

O segredo é buscar entender do Senhor qual é a missão que Ele estabeleceu para sua vida, para, então, dizer: “Eis-me aqui”!

segredo é buscar
tender do Senhor
al é a missão que Ele
abeleceu para sua vida,
ra, então, dizer: "Eis-
aqui"!

Dia 3

Perdão liberado, feridas curadas

Ele sara os que têm o coração quebrantado e trata das feridas deles. (Salmos 147.3)

Sabe aquilo que dizem sobre o tempo e o seu poder de fazer as coisas ruins desaparecerem? Então… sendo bem sincera com você, eu não acredito nisso, não! Creio que Jesus é capaz de nos curar e livrar dos traumas mais profundos, mas sempre vou me lembrar da falta que eu senti da minha mãe, enquanto ela e meu pai trabalhavam para nos sustentar, do quanto me senti sozinha e de quando, bem cedo, precisei começar a trabalhar. Também é impossível esquecer que meu pai vivia caído pelas ruas, quase sempre precisando ser carregado por alguém. Foram inúmeras as vezes em que precisei bater de bar em bar procurando por ele. Como alguém se esquece disso?

A minha infância foi assim, e a adolescência também — só que um pouco pior. Eu já tinha consciência do que estava acontecendo, já entendia o que tudo aquilo significava e morria de vergonha de toda a situação. Levar as minhas amigas em casa? De jeito nenhum! Essa ideia nem sequer passava pela minha cabeça. Afinal, não dava para saber quando um novo "episódio" estava prestes a acontecer, e eu não queria passar vergonha mais uma vez. Esse pensamento me levou a sair de casa muito cedo. Naquela época, eu vivia fugindo das minhas dores e dos meus traumas, e acabei ignorando muitos conselhos que não deveria, optando por soluções imediatistas.

Falando a verdade, eu não via nenhuma chance de mudança... o jeito era escapar de alguma forma, ocupar meu tempo com o trabalho, qualquer coisa assim — e olha que, na época, eu tinha apenas quatorze anos de idade. Acho que por isso fico tão aborrecida quando alguém me chama de *dondoca*. Porque eu nunca fui uma! Não me entenda mal, eu não me envergonho por ter trabalhado o tanto que trabalhei — dessa parte da minha história, eu tenho muito orgulho! Mas a minha vida não foi (nem de longe!) um mar de rosas. Mesmo depois de adulta, precisei encarar de frente muitas feridas deixadas pela minha família que tinham de ser tratadas. Foi necessário sondar o meu coração e garantir que ele estivesse livre de amargura e falta de perdão.

Eu estava cheia de raiva e desgosto! Culpava Deus por não ter tido uma família bem estruturada, por ter sofrido na infância, por ter passado por frustrações que ninguém sabia... Mas a verdade é que eu precisava **perdoar**. Perdoar a minha mãe por ter sido tão ausente, perdoar o meu pai por tanta vergonha que me fez passar. O vício dele deixou uma marca em mim, e chega uma hora em que não adianta ficar sentada, lembrando do passado e de seus sentimentos ruins, é preciso resolver a questão!

Cada vez mais, vemos pessoas influentes se posicionarem em favor dos cuidados com a saúde emocional, falando abertamente a respeito da importância de se afastar de pessoas tóxicas e relações abusivas, e eu jamais seria contra aquilo que preserva a saúde e a vida de uma mulher, mas há duas coisas que gostaria que você, minha amiga, refletisse: o perdão vale mais para a pessoa que nos feriu ou para nós mesmas? Perdoar não é esquecer, como já mencionei, mas qual é o seu sentimento ao recordar o seu passado? Qual é o seu principal desejo em relação a quem fez mal a você?

Eu me lembro de quando tinha entre quinze e dezesseis anos, e recebi uma profecia que dizia que, por meio da minha vida, meu pai seria liberto. Agradeci ao ouvir as palavras, mas, por dentro, ri. Fiz isso porque o que tinha dentro do meu coração era, na verdade, ódio.

Anos depois, por motivos que envolvem a bebida, meu pai precisou retornar ao Brasil. E adivinhe o que aconteceu? Ele precisou ficar na minha casa. E, não, nada nele tinha mudado. Meu pai continuava com os mesmos problemas, fazendo as mesmas coisas, mas havia um detalhe diferente naquele ponto da história: **eu** havia mudado!

A mudança em mim tinha nome — Jesus Cristo — e estava escancarada em cada atitude minha. Com Ele, somos capazes de revisitar as feridas do passado sem que fiquemos sentados, lamentando por elas o dia todo. Ele nos ajuda a olhar para os fatos enquanto carrega o bálsamo e a cura para tudo aquilo que antes nos machucava. O nosso Senhor nos capacita a perdoar!

A mudança em mim tinha nome — Jesus Cristo —, e estava escancarada em cada atitude minha.

Naquela situação, meu pai não havia mudado, mas eu passei a vê-lo com olhar de misericórdia, amor e perdão. Por isso, minha amiga, quero incentivá-la a sondar seu coração e ver se ainda há alguma ferida que precisa ser curada por aí.

Já que estou sendo sincera com você, vou continuar: talvez as coisas ruins que aconteceram em sua vida nunca sejam apagadas pelo tempo, mas as feridas que elas produziram serão curadas pelo Senhor Jesus! Você poderá olhar para as suas experiências com ternura, com compaixão, sabendo que, agora, é uma mulher mais forte, corajosa e segura em Cristo.

Não se culpe caso identifique alguma raiz de amargura em seu interior, comece perdoando a si mesma, seja vulnerável, confesse e peça para Deus dar os olhos e o coração d'Ele para você. Nunca se esqueça desta verdade que aprendi: **o perdão jamais será em vão**!

Acredita e vai!

Acredita e vai!

1

Peça ao Espírito Santo para sondar seu coração e esteja atenta às reações de sua alma, principalmente caso se lembre de algo ou alguém nesse momento.

2

Caso alguma situação específica ou uma pessoa venha à sua mente, ore declarando paz e liberando perdão. Agradeça a Jesus pela cura que Ele proporciona a você.

*Com Ele, somos capaze,
de revisitar as feridas d
passado sem que fiquemo
sentados, lamentando p
elas o dia todo.*

Com Ele, somos capazes de revisitar as feridas do passado sem que fiquemos sentados, lamentando por elas o dia todo.

Dia 4

Enfrentando a tempestade

Quando você passar pelas águas, eu estarei com você; quando passar pelos rios, eles não o submergirão; quando passar pelo fogo, você não se queimará; as chamas não o atingirão. (Isaías 43.2)

Quando vejo alguém se propondo a falar sobre momentos de tempestade, eu já me alegro, afinal, por mais triste que pareça, a verdade é que se a pessoa está contando aquela história, é porque sobreviveu para contar. Vejo muito isso na minha trajetória de vida: eu sobrevivi para contar que o meu Deus é um Deus que cumpre promessas!

Até aqui, tive uma vida inteira forjada no fogo. Passei por sofrimentos na infância e na adolescência, trabalhei muito e fui bastante humilhada como imigrante. Mas tudo — absolutamente tudo — cooperou para o meu bem, porque eu amo a Deus (cf. Romanos 8.28)!

Hoje posso ouvir histórias tristes e não ter dó das pessoas que as contam, mas me compadecer delas — e uma coisa é muito diferente da outra, viu! Nos meus atendimentos pastorais, encontro pessoas em situações parecidas com aquelas em que já estive. Eu sei exatamente pelo quê estão passando, e isso torna tudo melhor! A fé que Deus colocou no meu coração, somada às minhas vivências do passado, me coloca em um lugar de autoridade para dizer: "Se Deus fez por mim, também fará por você".

Você vive em uma família desestruturada? Sei bem como é! Tem um viciado na família? Sei, também! Possui um familiar com deficiência? Sente-se aqui e vamos conversar! Está passando por necessidades financeiras? *Ô* se sei o que é isso!

É claro que, enquanto eu passava pelas tempestades, não era assim tão fácil em todos os dias. Mas vivi uma experiência com o Senhor que me ensinou a manter a alegria mesmo em meio às provações, pois a Sua alegria era a minha força (cf. Neemias 8.10). Encontrei gratidão por cada tribulação quando ouvi Deus falar em meu coração: "Pare de chorar pelo que ainda não tem, e seja grata por aquilo que já fiz por você!".

Eu sinceramente penso que, até hoje — em meio a uma realidade tão diferente daquela que vivia antes —, o Senhor, de tempos em tempos, olha para mim à procura daquela mulher grata, e sempre faço questão de reforçar: "Sim, Senhor! Ela está aqui!".

Não sei por qual tempestade você tem passado na sua vida, mas sei que ela vai ser a responsável por prepará-la para o amanhã. Você se lembra da passagem que conta a respeito de Jesus acalmando a tempestade? O mar se levantou, os discípulos se apavoraram e Jesus permaneceu dormindo. A mesma coisa que Ele disse aos Seus seguidores naquela noite diz a você hoje: "Por que temeis?" (cf. Mateus 8.23-27).

> **"Pare de chorar pelo que ainda não tem, e seja grata por aquilo que já fiz por você!"**

O Senhor é o mesmo ontem, hoje e sempre! Aquilo que Ele já fez pode fazer de novo e ainda maior, porque Ele é Deus! Se naquele barco Jesus deu uma ordem e o mar se acalmou, Cristo também pode ordenar o fim da dor na sua vida. Só não deixe de crer e, principalmente, de ter a postura de quem crê!

Eu passei por muitas tempestades ao longo dos anos, mas decidi uma coisa: não morrer nelas! Fiz um trato com Deus e garanti que minha dor seria útil para alguém.

Faça isso também. Saia da zona do *vitimismo*! Você não é uma pobre coitada! A sua situação pode ser difícil, e eu não menosprezo isso, muito menos o Senhor, mas o nosso Deus é maior do que qualquer problema ou situação. Creia! Isso é tudo que você precisa fazer. Então, neste período em que estamos caminhando juntas, entenda de uma vez por todas o que aprendi nos meus dias de tempestade: a sua situação atual não é o seu final! Repita comigo, em voz alta: "A minha situação atual não é o meu final!".

Acredita e vai!

1

De nada adianta ficar dando audiência para o problema e não declarar a verdade sobre sua vida — que é *muitíssimo* maior do que qualquer oposição. Então, querida, ore: “Eu não vou morrer na tempestade! Elas me darão autoridade para ajudar outras pessoas, e, em nome de Jesus, declaro que apenas a Palavra de Deus é verdade sobre minha vida. Amém”.

2

Agora, pegue um papel ou um bloco de notas adesivas e escreva “Eu posso descansar porque Jesus está no barco comigo”. Depois, cole isso no seu espelho, na sua geladeira ou na sua mesa de trabalho.

e naquele barco Jesus
u uma ordem e o mar se
calmou. Cristo tambem
ode ordenar o fim da dor
a sua vida.

Se naquele barco Jesus deu uma ordem e o mar se acalmou, Cristo também pode ordenar o fim da dor na sua vida.

Dia 5

Seja fiel no pouco

O senhor disse: "Muito bem, servo bom e fiel; você foi fiel no pouco, sobre o muito o colocarei; venha participar da alegria do seu senhor. (Mateus 25.21)

A Bíblia é repleta de belas histórias, e uma bem conhecida é a da mulher do fluxo de sangue, descrita em Lucas 8.43-48. Não sabemos o nome daquela mulher, mas sabemos de um detalhe ao seu respeito: ela tinha fé!

Essa mulher não era daquelas que desistem fácil, não! Depois de ter passado doze anos enferma e de ter gastado tudo o que possuía com médicos, procurando uma solução para a sua doença, ela ainda tinha esperanças. Foi persistente e fez de tudo e mais um pouco para encontrar algo, ou alguém, que a curasse. Desistir era a última coisa que ela faria!

Eu coloquei essa mesma ideia na minha cabeça. Cria tanto no meu Deus que ninguém podia tirar de mim a convicção de que Ele me honraria por ser fiel no pouco. Diversas foram as vezes em que tudo cooperava para desistir — eu encontrava até mesmo pessoas que me incentivavam a fazer isso — e, mesmo assim, não me dobrei. Nem mesmo quando, ainda nos Estados Unidos, ouvi que os quadros da casa em que eu e minha mãe trabalhávamos como diaristas valiam mais do que nós duas, e que a minha vida seria resumida a morrer trabalhando em três empregos diferentes.

Lembro-me de, ainda em Boston, trabalhar limpando um salão de beleza *chiquérrimo* — o mais bonito da cidade. Lá, eu falava para Deus: “Por que estou aqui, fazendo faxina, Senhor? Quero poder me sentar naquela cadeira ali e fazer o meu cabelo, também”. Meu pai não podia se descuidar de mim nem por um minuto que eu já largava o aspirador de pó (daqueles bem barulhentos), me sentava em uma das cadeiras e dizia: “Um dia volto aqui como cliente!”. E adivinhe só o que aconteceu tempos depois?

Isso já ocorrreu tantas vezes comigo! Em outro período da minha vida nos Estados Unidos, eu estava passando pano no chão da casa da Elaine de Jesus e a cantora Fernanda Brum chegou. Na hora, fiquei envergonhada, mas logo o Senhor me corrigiu dizendo ao meu coração: “Seja fiel no pouco, e sobre o muito Eu a colocarei”. Alguns anos se passaram, e, *opa*! Eu estava ali, no cartaz de um congresso, ao lado da Fernanda!

Querida, quero que você entenda que Deus é especialista em pegar as coisas que **não são** para confundir as que **são** (cf. 1 Coríntios 1.28), mas o Senhor só fará isso com aqueles que creem que Ele é poderoso para transformar qualquer tempestade em bonança e triunfo! É Deus quem realiza tudo, nenhum de nós pode se gloriar de absolutamente nada. Você acha mesmo que pode fazer alguma coisa sem o Senhor? Quais seriam as suas melhores conquistas sem Deus? De verdade, eu não gosto nem de pensar nisso...

Deus é especialista em pegar as coisas que não são para confundir as que são.

Você se lembra de quando contei sobre como o Senhor me ajudou a perdoar o meu pai e a olhar para ele com olhos de misericórdia? Como eu disse, o perdão nunca é em vão. Quero deixar aqui o meu testemunho para edificar a sua vida: Deus honrou a minha fé e o meu posicionamento, então começou a trabalhar na vida do meu pai que, pouco a pouco, foi sendo transformado, até o dia em que foi batizado pelo meu esposo. A profecia que recebi na minha adolescência se cumpriu!

Eu cri em Deus para ver e viver o que vivo hoje. Não falo que vi meu pai se tornar o melhor avô do mundo para os meus filhos e evangelizar no seu carro — trabalhando como motorista de aplicativo —, sendo conhecido por todos na cidade como "o pai da Pastora Naiane", para me vangloriar. É para levar você a crer no Deus que faz milagres e cumpre cada uma de Suas promessas, minha amiga!

Deus mudou a minha história e pode mudar a sua também. É Ele quem nos conduz em triunfo em Cristo (cf. 2 Coríntios 2.14) para crescermos e apresentarmos boas obras, a fim de que o Seu nome seja glorificado (cf. Mateus 5.16).

Não há ninguém que não tenha sequer uma vitória para contar. Você pode não ter o carro que queria, mas tem pernas fortes para pedalar. Pode não ter o leite condensado, mas sabe fazer um pudim de pão como ninguém. Pode não ser a pregadora da igreja, mas todos os que passam por você na recepção saem de lá transformados. Pode não ter o diploma da faculdade, mas é quem as amigas procuram quando precisam de um conselho.

Amada, entenda uma coisa: em Cristo Jesus nós já somos mais do que vencedoras! Saia desse lugar de murmuração e aprenda a ser grata. Seja fiel no pouco, não se esqueça de onde Deus a tirou e Ele a colocará sobre o muito!

Acredita e vai!

1

Pare um pouco, reflita e escreva cinco triunfos e cinco coisas que Deus já colocou em suas mãos. Pode ser a liderança de um pequeno grupo, a oportunidade de aconselhar uma irmã, seus filhos, sua família... Será que você consegue reconhecer que Ele a fez vencedora sobre essas circunstâncias? Se sim, isso significa que já saiu na frente, agora só acredita e vai, seja destemida!

2

Separe um dia desta semana para fazer um momento de ação de graças na sua casa. Incentive a sua família a fazer o exercício anterior e peça para que cada um compartilhe suas vitórias e seus próximos desafios. Não deixem de orar, pedindo pela capacitação do Senhor, *hein*? Juntos, vocês se tornarão mais fortes!

Seja fiel no pouco, não se esqueça de onde Deus a tirou e Ele a colocará sobre o muito!

Seja fiel no pouco, não se esqueça de onde Deus a tirou e Ele a colocará sobre o muito!

Dia 6

As estações no ministério

Fiel é a palavra: se alguém deseja o episcopado, excelente obra almeja. (1 Timóteo 3.1)

Como você já sabe, eu não nasci em um lar cristão. Apesar de hoje fazer parte de uma das famílias mais tradicionais do meio evangélico brasileiro, antes de reconhecer Jesus como meu único e suficiente Salvador, o que eu vislumbrava como futuro era, no máximo, ser a sucessora da Carla Perez como *Loira do Tchan*[1].

Na igreja em que me converti, também cresci e me desenvolvi. Eu me apaixonei perdidamente por Jesus e pela igreja! Participava de todas as reuniões de oração, orava o tempo inteiro no colégio — e fui muito taxada

[1] A *Loira do Tchan* é uma referência a Carla Perez, dançarina e cantora que se tornou extremamente popular durante os anos 1990, como integrante do grupo de axé "É o Tchan!". O termo veio pelo fato de ela ser a única loira do grupo. Em 1998, o concurso "A nova *Loira do Tchan*" foi promovido pela Rede Globo, com o intuito de substituir Perez. Com isso, muitas meninas sonhavam em ser "a próxima *Loira do Tchan*".

por isso —, ungia e consagrava todas as minhas coisas ao Senhor e sempre me dedicava à leitura e aos estudos da Palavra. Essa minha proatividade e a minha sede por Jesus foram necessárias para que eu crescesse em intimidade com Deus. Sem isso, eu não teria conquistado o que conquistei. O Senhor via e reconhecia todo o meu esforço e dedicação, e isso se transformou em honra, quando fui ordenada. Ainda fui surpreendida por Ele, por Seu senso de humor e por Suas Palavras poderosas, ao permitir que eu pregasse com todo esse meu jeitinho *faveleishon*. Foi uma coisa de outro mundo!

Também já disse que, na verdade, fui eu quem deixei de lado o sonho de cuidar do rebanho para acompanhar os planos do meu marido. Ele, filho de pastor — e não só isso! Do pastor presidente da primeira igreja Assembleia de Deus no Brasil —, sonhava em ser um empresário bem-sucedido para sustentar a obra do Reino com seus dízimos e ofertas. Quem queria ser pastora e cuidar de gente desde o início era eu!

Na cabeça do meu esposo, ele não queria ser um peso para a obra — queria sustentar o ministério por conta própria. O desejo do seu coração era doar mais do que pudesse receber, e deixou isso bem claro ao Senhor. Certa vez, depois de nos casarmos, estávamos conversando sobre isso e ele me disse que, se fosse para pastorear, Deus o chamaria quando suas empresas estivessem no auge, pois, assim, jamais veria o pastoreio como uma rota de fuga ou a última porta que restou depois de fracassar financeiramente.

Você deve estar se perguntando quando foi que isso mudou, não é mesmo? O André trabalhou muito e, quando as empresas estavam prosperando como nunca, Deus o chamou, dizendo: "Cuide das minhas coisas que Eu cuido e honro as de vocês!". Imagine só, mulher de Deus... O meu coração explodiu de alegria e gratidão! Eu sempre soube que era uma questão de tempo para aquilo acontecer e, em nenhum momento, passou pela minha cabeça que Deus havia mudado de ideia quanto à obra proposta para a minha família. Na realidade, durante aquele tempo, eu nem tinha deixado de exercer o meu chamado. Com tudo isso, entendi algo muito precioso: existem estações diferentes. A de exercer o ministério como esposa, como mãe, como empresária e a como pastora, também.

Com tudo isso, entendi algo muito precioso: existem estações diferentes.

Talvez Deus tenha feito uma promessa a você algum dia ou, no fundo do seu coração, você vem nutrindo um desejo secreto por algum tempo, que só você e Ele conhecem. Quem sabe você almeja ser alguém relevante e, de alguma forma, partilhar de tudo aquilo que o Senhor fez pela sua vida, ou tenha o sonho de ter uma família grande para chamar de sua? Por favor, independentemente de qual for a semente plantada em seu coração, não deixe ela morrer!

Aprenda também a discernir as estações, minha querida! Você pode não estar onde sente que Deus a chamou para estar, mas tem certeza de que Ele a chamou para estar lá agora? Não tem coisas aqui, hoje, que você pode resolver, cuidar e amar antes? Perceba a estação em que se encontra, e, assim, cumpra o ministério que Deus lhe designou com excelência, seja no púlpito, no seu local de trabalho, em uma pia cheia de louças — ou em todas essas opções, mas em tempos diferentes.

É muito fácil pegar um microfone na mão, falar bonito e achar que isso é "ministério". Quando não nos atentamos ao que essa palavrinha realmente significa, tendemos a criar falsas linhas de chegada e, quando as cruzamos, adivinhe? Nós nos frustramos. Por isso, meu conselho é: olhe ao redor e perceba em qual estação você está!

Acredita e vai!

1

Crie uma lista de livros, artigos e vídeos que falem a respeito ministério que você exerce hoje. Depois de estudar tudo, pergunte-se: "O que ainda posso aprender? Como posso melhorar?".

2

Exercite o hábito de anotar aquilo que você tem aprendido e errado na estação em que está. Assim, quando as folhas caírem e uma nova estação surgir, poderá deixar algo que sirva para as próximas mulheres que passarão pelo mesmo lugar que você.

Independentemente de qual for a semente plantada em seu coração, não deixe ela morrer!

Independentemente de qual for a semente plantada em seu coração, não deixe ela morrer!

Dia 7

O que Deus diz que eu sou?

Eu te louvarei, porque de um modo assombroso, e tão maravilhoso fui feito; maravilhosas são as tuas obras, e a minha alma o sabe muito bem. (Salmos 139.14)

Em meus atendimentos pastorais, não é raro encontrar mulheres insatisfeitas consigo mesmas. Frustradas, elas entram no campo da comparação justamente por não saberem quem são. Passam a vida tentando se encaixar em moldes que não são seus, e isso, minha irmã, não funciona.

Por mais clichê que pareça, eu preciso começar o dia de hoje dizendo que você é única, amada! Quando precisamos fazer algo importante ou chegamos a algum lugar de acesso restrito, sempre pedem para ver algum documento de identificação, não é? Na verdade, não podemos sequer sair de casa sem nosso RG ou qualquer outra forma de identificação, esses documentos possuem um número que ninguém, absolutamente ninguém, em toda a Terra, tem igual. Então, por que é tão difícil para você, mulher, entender que é única? É curioso como o Diabo distorce as verdades e as faz parecerem frases soltas e aleatórias. Ei, não o deixe fazer isso! Tire os pensamentos dele da sua cabeça!

O Inimigo tenta cegar os filhos de Deus enquanto sussurra mentiras sobre a nossa identidade — tampe os seus ouvidos e o ignore!

Pare agora e leia esta frase mais uma vez: **você é única!** Isso é algo poderoso e transformador. O Inimigo tenta cegar os filhos de Deus enquanto sussurra mentiras sobre a nossa identidade — tampe os seus ouvidos e o ignore!

Eu sei bem como isso funciona, porque me perdi por muito tempo em quem eu era. Primeiro porque, para as pessoas, eu era filha daquele mecânico bêbado de Petrópolis, ou a filha da *muambeira* que vendia roupas — inclusive na porta do meu colégio — para que eu pudesse estudar. Depois, fui a imigrante brasileira nos Estados Unidos, a empregada doméstica e a babá dos filhos dos pastores. Então, passei a ser a esposa do pastor da Assembleia, a loira escandalosa, a mãe da menina que não fala...

As pessoas sempre colocarão rótulos, mas esses rótulos não têm poder para se tornarem sua identidade. Você não é o que você faz, e muito menos o que fizeram com você. A Palavra de Deus é clara em dizer que o Senhor a conhece desde o ventre da sua mãe (cf. Jeremias 1.5) — e Ele sempre, sempre mesmo, tem bons planos e um bom futuro para Seus filhos (cf. Jeremias 29.11). O Altíssimo é um Pai tão amoroso, preza tanto por você, do seu jeitinho, que sabe até quantos fios de cabelo há em sua cabeça (cf. Lucas 12.7).

Deus não erra, minha amiga! Quando você, insatisfeita com a forma como foi criada, se permite cair no lugar da comparação ou da murmuração, é o mesmo que dizer ao Criador: "Você errou, me fez do jeito errado, fez *fulana* melhor, e eu fiquei com o que sobrou". Deus nunca erra!

Sei que, no dia a dia, é difícil se lembrar da sua identidade, irmã. A realidade em que vivemos hoje é fruto de uma geração que se perdeu justamente nesse aspecto. Mulheres sem um pai presente para afirmar quem elas eram, a falta de uma família estruturada para onde elas poderiam sempre voltar... Isso desenvolveu uma geração de mulheres que precisaram ser fortes, tanto aquelas que saíam para trabalhar, quanto as que permaneceram em casa, sem mãe, porque alguém precisava ajudar com as contas de casa. A impressão que eu tenho é que hoje todo mundo quer falar de identidade, mas poucos entendem, de fato, o que isso significa. Todos agora sabem o que é uma mulher e o que ela deve fazer, mas não conhecem Quem a criou, transitam entre citações filosóficas, enquanto para mim, o significado de identidade é tão simples e claro!

Sabe por quê? Porque apesar de todas as dificuldades, de todos os desafios que aparecem na sua vida como mulher, vivemos debaixo de uma Verdade eterna, e não da realidade terrena! Deus a fez exatamente como você é para um propósito específico, e a sua vida não é vã! Todas as coisas que viveu a estavam preparando para o que teria de passar adiante, pelas pessoas que poderia ajudar e às quais teria acesso graças a quem você é.

Minha maneira enérgica de falar, de pregar e de aconselhar permite que eu me conecte com pessoas específicas. Hoje sei que até mesmo o meu jeitinho *faveleishon* pode alcançar alguém de uma forma que outro estilo não faria. Tudo isso graças ao nosso Deus, que nos desenhou e nos fez mulheres completamente diferentes umas das outras, cada uma com a sua própria identidade, e todas capacitadas a serem destemidas.

Acredita e vai!

1

Convido você a fazer uma oração de arrependimento e largar, de uma vez por todas, o hábito de reclamar sobre como Deus a criou. Respire fundo, se encare, se aceite, e acredite que você, do seu jeitinho, pode chegar a lugares específicos, a que ninguém mais pode!

2

Declare comigo estas cinco verdades (e medite nos versículos em sua Bíblia).

a. Eu sou filha de Deus (cf. João 1.12-13).
b. O Senhor me ama (cf. Romanos 8.39).
c. Eu sou perdoada (cf. Lucas 15.20).
d. Deus quer que eu seja quem eu nasci para ser (cf. 1 Coríntios 12.6).
e. Ele cuida de mim (cf. Jeremias 29.11).

Vivemos debaixo de um
Verdade eterna, e não d
realidade terrena!

Vivemos debaixo de uma Verdade eterna, e não da realidade terrena!

Dia 8

Sem comparações

Mas, pela graça de Deus, sou o que sou. E a sua graça, que me foi concedida, não se tornou vã. Pelo contrário, trabalhei muito mais do que todos eles; todavia, não eu, mas a graça de Deus comigo. (1 Coríntios 15.10)

No devocional de ontem, conversamos sobre como, mesmo crendo no profundo amor de Deus por mim e sendo filha amada do Pai Celestial, fui desafiada a aceitar quem eu realmente sou. Você pode estar pensando: "Nossa, Naiane, mas você é tão autêntica! Tão fora do convencional!", e está certa, minha irmã. Hoje, minha autenticidade se tornou a minha marca registrada, e, graças ao Senhor, não me preocupo mais com aqueles pensamentos contrários. Mas a verdade é que nem sempre foi assim.

Abrindo o meu coração para você, já tive uma dificuldade absurda de ser eu mesma. Imagina só, ao me casar com um homem *phyno* como o meu, que fala pouco, vem de uma família estruturada, silenciosa e bem-comportada, com toda aquela cultura firmada, todas aquelas cerimônias dentro de uma igreja centenária e respeitada... eu, definitivamente, ia precisar me adequar.

Eu me lembro de quando fomos apresentados como pastores na nossa igreja, em São José dos Campos. Naquele dia, mal abri minha boca — aliás, acho que nem respirei! Na minha cabeça, duas coisas problemáticas aconteciam: primeiro, eu pensava que aquilo nunca daria certo, depois, eu me comparava.

Olhava para aquelas outras mulheres de Deus, tão cheias de classe e meigas, soprando a brisa suave do Senhor, e eu, um furacão *faveleishon*! Até que, um dia, o Senhor me encontrou em meio a essas muitas comparações e disse: “Minha filha, não tem como usar a sua vida se você continuar querendo ser outra pessoa. Se Eu a chamei, é porque quero usá-la da maneira como é!”.

Pode até parecer que são coisas desconexas, mas preciso alertá-la, irmã. Muitas vezes, você pode se perguntar: “Por que não estou avançando?” ou “Por que as coisas parecem não romper para mim?”. E a resposta é: “Porque você não está sendo você!”. Talvez esteja onde é agradável, mas não onde Deus quer que esteja. Você se senta na cadeira preparada pelo seu círculo social, enquanto o lugar reservado pelo Pai permanece vazio!

A Bíblia nos traz uma história muito bonita sobre autenticidade e, de certo ponto de vista, inveja, também. É uma narrativa sobre duas irmãs completamente diferentes uma da outra, uma se chamava Raquel e a outra Lia (cf. Gênesis 29.16).

O fato é que Raquel era bonita e formosa. Jacó se apaixonou por ela à primeira vista e trabalhou quatorze anos para tê-la como esposa. Já sobre Lia, a Palavra conta que não era tão bonita, que possuía um problema nos olhos. Ela foi usada por seu pai, sendo colocada numa noite de núpcias que não era a dela, e dada como esposa a um homem que amava perdidamente outra mulher.

Encarando os fatos, fica muito evidente que era fácil para Lia se comparar e ter inveja de Raquel, mas a Bíblia diz: “Quando Raquel viu que não dava filhos a Jacó, teve ciúmes de sua irmã [...]” (Gênesis 30.1).

Raquel era a bonita, a escolhida, a amada e, ainda assim, sentiu inveja da irmã que não tinha o amor do marido, mas que, por pura misericórdia do Senhor, podia ter filhos. Nós aprendemos duas verdades com essa história. A primeira é que por mais que você ache que tenha pouco, infelizmente, ainda vai ter gente se comparando com você — mulheres que ainda não compreenderam sua identidade em Cristo e que não sabem que n’Ele são livres para serem o que são. O segundo aprendizado é que você não precisa desejar ser quem não é, não pode ser uma pessoa invejosa, porque Deus sempre tem algo específico para cada uma de nós. Você pode não ter os

Deus sempre tem algo específico para cada uma de nós.

Deus sempre tem algo específico para cada uma de nós.

cabelos volumosos como os daquela irmã da igreja, mas o melhor bolo de cenoura é o seu! Pode até não ter filhos biológicos, mas quantas mulheres já acolheu e ajudou? Quantos filhos espirituais já gerou?

Neste dia, quero encorajá-la a aceitar o lugar onde Deus a colocou! Cumpra o **seu** chamado e **jamais se compare** ou se permita sentir inveja! Ninguém consegue ser o que não é por muito tempo. Por isso, não queira ser alguém além daquilo que Deus a fez para ser.

Enquanto não aceitei que o Senhor podia me usar, do meu modo *faveleishon* mesmo, Ele não fez o que realmente havia planejado para mim. Os planos de Deus caminham com a sua vulnerabilidade em querer ser melhor a cada dia, mas Ele jamais irá anular quem você foi criada para ser. Fuja do temor dos homens! Seja autêntica! Assuma quem você é sem medo, e enfim verá sua vida avançando como nunca antes!

Acredita e vai!

Acredita e vai!

1

Faça uma limpeza em suas redes sociais! Remova ou restrinja contas que a fazem se comparar constantemente. Sabe aquela blogueira que parece que tem tudo, e você, *nadinha*? Pare de ver muitos conteúdos assim, ao menos por um tempo!

2

Pergunte para as pessoas de sua casa ou de seu círculo social quais são as características, os adjetivos e atributos que fazem de você, você! Preste atenção às respostas e perceba o quão única é!

Não queira ser alguém além daquilo que Deus a fez para ser.

Não queira ser alguém além daquilo que Deus a fez para ser.

Dia 9

Testemunho verdadeiro

— Eu sou a videira, vocês são os ramos. Quem permanece em mim, e eu, nele, esse dá muito fruto; porque sem mim vocês não podem fazer nada. (João 15.5)

Desde que eu e o meu esposo assumimos o pastoreio de nossa igreja local e de mais 180 igrejas na região, temos experimentado a graça de Deus e o favor dos homens. O Senhor é tão bom com a gente, tão verdadeiro — seja nas obras de melhoria que realizamos, seja nas campanhas de jejum e oração, nas visitas aos lares ou nas pregações de púlpito —, que existe uma máxima entre nós: precisamos ser de verdade!

Eu, particularmente, não acredito em pastores que pregam uma vida muito perfeita, como se tudo fosse um mar de rosas. Além de afastar o povo, já que o conto de fadas se torna uma realidade inatingível, trata-se de uma mentira. E o púlpito não é lugar de falar mentira (na verdade, lugar nenhum é)!

Na Bíblia, podemos encontrar, inúmeras vezes, o Senhor nos incentivando a não faltar com a verdade. Eu sempre gostei de exemplificar isso com a figura de uma árvore. É curioso pensar que algo tão óbvio precisa ser dito e reforçado tantas vezes, mas vamos lá, vou falar mais uma: um pé de laranja não dará nada além de laranja. Por que, então, o ser humano acredita que aquilo que plantou como semente frutificará alguma coisa diferente? Nos últimos dias, falamos sobre identidade e o perigo das comparações, e isso entra aqui também, viu? Ou você acha que uma macieira daria laranja? Nada disso! A macieira dá maçã — e não precisa se esforçar para isso.

Por que, então, o ser humano acredita que aquilo que plantou como semente frutificará alguma coisa diferente?

Serva de Deus, há apenas uma forma de sempre gerarmos bons frutos: permanecer na árvore boa. Nós somos os ramos, mas precisamos estar enraizados na videira verdadeira, que é Cristo, do contrário, morreremos e não serviremos para mais nada a não ser para sermos pisados e jogados no fogo (cf. João 15.6).

Por isso, eu e o André decidimos que, em nosso lar, faríamos tudo alinhados com essa árvore. Nós decidimos que os nossos frutos revelariam toda a nossa verdade. Não esconderíamos os desafios, os dias difíceis ou a mensagem da Cruz, para quem estivesse disposto a ver e ouvir. Eu poderia permitir que as pessoas conhecessem apenas a parte que parece *chique* da história: morei fora por alguns anos, fiz minha graduação em Teologia nos Estados Unidos e agora sou pastora presidente de muitas congregações. Mas prefiro ser de verdade! Escolhi um testemunho verdadeiro!

As pessoas precisam saber que passei necessidade, sim! Que trabalhei como empregada doméstica, que não nasci em berço evangélico e que sou totalmente o oposto da família elegante e discreta do meu marido. As pessoas precisam saber que nossa primeira filha é autista, e que isso me dói, mas também me faz extremamente grata e dependente de Deus!

Se eu puder dar um conselho a você no devocional de hoje é: **seja de verdade!** Permita-se dar frutos reais, ser um testemunho verdadeiro! É fácil? De jeito nenhum! Mas, sem sombra de dúvida, valerá a pena. Afinal, como inspirar pessoas se elas não conseguem enxergar em você algo vulnerável, que vai além de suas capacidades? Não fomos chamadas para sermos super-heroínas, minha querida, e sim para sermos dependentes da graça de Deus!

Um versículo da Bíblia de que gosto bastante é o que diz: "Eu sou o Senhor: este é o meu nome. Não darei a mais ninguém a minha glória, nem a minha honra, às imagens de escultura" (Isaías 42.8). Quando refletimos sobre ser um testemunho verdadeiro, ele se aplica perfeitamente, pois se a sua vida é apenas resultado daquilo que suas mãos, sua situação financeira ou suas habilidades cognitivas e profissionais podem fazer, onde está a glória de Deus? Você concorda comigo que, ao compartilhar uma vida de verdade, vivida em um caminho estreito, que apresenta rejeição, perseguição, privação, dor, suor e lágrimas, automaticamente os créditos de qualquer coisa boa que aconteça vão para Deus?

Eu não estou aqui fazendo apologia ao sofrimento, falando que a vida é triste, pesada, cheia de lutas, nada disso, mas até Hollywood sabe que as histórias precisam ser emocionantes! Há momentos em que a mocinha se perde, sofre, chora, mas depois vem o final feliz. É claro que haverá temporadas em que o Senhor entregará bênçãos que não exigirão esforços seus — estender a mão e pegá-las será o suficiente —, mas sabemos que essa não é a máxima da vida real, não é mesmo?

O que quero dizer a você é que, em meio às dificuldades, o Senhor é quem honra o fiel e faz aquele que semeou com lágrimas, colher com alegria (cf. Salmos 126.5). Ele é quem tira o pobre do pó e levanta o necessitado do lixo, fazendo-o se assentar com os príncipes (cf. Salmos 113.7-8). Deus é quem a coloca em posições que você sabe muito bem que não teria capacidade para alcançar sozinha! Então, permaneça fiel e verdadeira em seu testemunho, essa é a história que Ele está construindo em você!

Acredita e vai!

1

Ore para que Deus tire qualquer vestígio de medo de seu coração, e dê a você as oportunidades certas para ser verdadeira e compartilhar detalhes de seu testemunho — até mesmo aqueles que não são tão bonitos — que poderão inspirar outras pessoas.

2

Analise sua última semana: suas atitudes, palavras e pensamentos refletem a posição que você ocupa (de um ramo da videira, que é Cristo)? O que você pode fazer para ter ainda mais consciência de que está n'Ele, e de que seus frutos revelam a Sua natureza?

Deus é quem a coloca em posições que você sabe muito bem que não teria capacidade para alcançar sozinha!

Deus é quem a coloca em posições que você sabe muito bem que não teria capacidade para alcançar sozinha!

Dia 10

Algo em comum

Mas busquem em primeiro lugar o Reino de Deus e a sua justiça, e todas estas coisas lhes serão acrescentadas. (Mateus 6.33)

Uma das histórias que as pessoas ao meu redor mais gostam de ouvir é a história de como eu e meu esposo nos conhecemos. Hoje em dia, é comum conhecer pessoas na internet, mas naquela época... mulher de Deus, quanta dificuldade!

Eu morava nos Estados Unidos e tudo ia bem: trabalhava em meus três empregos, servia no ministério da minha igreja local, mas, confesso que, com relação à vida amorosa, estava um pouco desiludida depois de algumas decepções. Meu coração estava no Senhor, nas coisas d'Ele, então eu sabia que quando Ele quisesse — e **se** quisesse —, eu encontraria o amor da minha vida. Para mim, estava tudo certo!

Pois bem! Lá estava eu em uma madrugada, navegando em uma rede social antiga, quando, de repente, alguém interagiu com o meu perfil. Nada de curtidas... Naquela época, as pessoas davam cutucadas, acredita? Eu olhei e tive a impressão de que conhecia aquele homem. E não é que conhecia mesmo?!

A minha igreja já havia recebido alguns pastores da igreja do André, e eu mesma já o tinha visto por lá. Só não imaginava que naquela madrugada ele me diria: "Oi!". Conversamos durante um tempo como amigos, afinal, nós dois tínhamos consciência de que vivíamos em realidades distintas, e um relacionamento era improvável. Ele jamais deixaria sua igreja local e sua família, e eu não sonhava em retornar ao Brasil. Porém, entre uma conversa e outra, certo dia, ele me perguntou: "Onde você está?". Eu estava em Miami, e respondi isso. Então me disse: "Estou indo até aí para ver você!". Meu Deus! E ele realmente foi!

Nós nos conhecemos pessoalmente e logo nos apaixonamos. Começamos a namorar à distância e, de tempos em tempos, ele ia a Boston para me encontrar. Foi um ano e meio de relacionamento, no qual tivemos apenas vinte e dois dias de contato físico — e eu conheci meu sogro apenas no dia anterior ao nosso casamento! Tínhamos certeza do que queríamos e de tudo o que isso implicaria. Decidimos prosseguir e confiar em Deus. Nós nos casamos nos Estados Unidos e, logo após a lua de mel, iniciamos nossa jornada em família no Brasil, no Rio de Janeiro.

A nossa história é bem diferente daquelas que ouço por aí. Eu e André sabemos que só deu certo porque foi uma conexão de Deus. Se tem algo em que cremos é que Ele une propósitos. Por mais clichê que possa parecer, para nós, isso é uma verdade.

O problema de muitas moças hoje está justamente aí. É muito fácil ver uma história de amor bem-sucedida, de um casal que deu certo — e que, de longe, mais se parecem com estrelas daqueles comerciais de margarina —, e achar que tudo veio de *mão beijada*. Realmente, minha amiga, se eu contar toda a minha história com o André para você, diria que nosso encontro foi inesperado, mas preste atenção: antes disso, nós não estávamos desesperados!

Havia, em ambos, uma confiança plena de que a vontade de Deus prevaleceria e, enquanto nada acontecia, nossos olhos estavam n'Ele (e continuariam n'Ele, mesmo depois de o romance começar). Antes de nos casarmos, eu e meu esposo já tínhamos algo em comum: **nós buscávamos o Reino de Deus**. Por isso, a confiança de que todas as demais coisas nos seriam acrescentadas, entende? Seus olhos nunca devem estar fitos em suas ansiedades, faltas ou circunstâncias, mas no Senhor!

O segredo é o mesmo: busque o Reino em primeiro lugar

Talvez você já seja uma mulher casada e, ao ler a minha história com o meu marido, comece a pensar: "Por que comigo não foi assim?". Porque essa não é a sua história, mulher! Não existe conto de fadas, existe Deus, e Ele pode transformar o seu casamento, o seu marido e a sua casa. O segredo é o mesmo: busque o Reino em primeiro lugar (cf. Mateus 6.33)! Mas, caso você seja solteira, e esteja vendo o tempo passar, já preocupada, perguntando a si mesma: "Deus, e eu? Não vou me casar? O Senhor se esqueceu de mim?". Não, querida! Ele não se esqueceu de você. Mas será que você não se esqueceu d'Ele? É o mesmo princípio, basta aplicar.

Seus olhos precisam estar em Jesus! Suas ações devem ser baseadas n'Ele! Busque os interesses d'Ele antes dos seus, e todas as coisas serão acrescentadas! E caso esteja se perguntando: "Naiane, mas o que são todas essas coisas?". Ora, tudo é **tudo**! É o marido transformado, a paz em casa, o casamento dos sonhos, o homem de Deus como sacerdote do lar... Do que você precisa hoje? Fixe seus olhos n'Ele!

Acredita e vai!

1

Faça uma lista de cinco coisas que você pode fazer para ajudar na expansão do Reino em sua comunidade local nos próximos três meses. Pode ser um novo projeto, uma nova ideia ou a simples disponibilidade de servir em alguma área.

2

Observe as pessoas que a inspiram. Como elas colocam o Reino em primeiro lugar em suas vidas? Se possível, marque um café com outras mulheres de Deus para trocarem figurinhas acerca da passagem de Mateus 6.33 e edificarem umas às outras nessa caminhada.

Seus olhos nunca devem estar fitos em suas ansiedades, faltas ou circunstâncias, mas no Senhor!

Seus olhos nunca devem estar fitos em suas ansiedades, faltas ou circunstâncias, mas no Senhor!

Dia 11

Tudo muda, menos Deus

Toda boa dádiva e todo dom perfeito vêm lá do alto, descendo do Pai das luzes, em quem não pode existir variação ou sombra de mudança. (Tiago 1.17)

Parecia um filme de princesa! Lá estava eu, casada com um homem lindo, *phyno*, de Deus, e prestes a construir nossa família no Brasil. Eu, que já estava nos Estados Unidos há quase quinze anos, mesmo sendo brasileira, precisaria de um período de adaptação no país, e achava que estava preparada para isso. A única coisa com a qual não contava é que chegaria ao Rio de Janeiro justamente no dia da pacificação do Morro do Alemão!

Foi uma recepção e tanto: parados quatro vezes por blitze, com armas pesadas apontadas para nós. Eu queria sair correndo! O André, coitado, já estava esperando que a mulher com quem tinha acabado de se casar fosse embora e o abandonasse. Brincadeiras à parte, foi bem traumático para mim. Depois disso, veio toda a adaptação em si, que também não foi nada fácil, afinal, eu estava num lugar desconhecido, com pessoas que mal conhecia, não pude escolher minha casa e minha rotina já estava programada. Eu me sentia como uma peça de um quebra-cabeças que já estava montado.

Nada disso foi, de forma alguma, culpa da família do meu esposo, que passou a ser minha, também. Fui muito bem recebida e acolhida por eles, mas sabe aqueles processos pelos quais precisamos passar sozinhas? Só a gente e Deus? Pois é! No meu caso, o processo foi o seguinte: chorei um ano *inteirinho*! Era tudo muito estranho para mim, mas fui percebendo, com o passar do tempo, que, dia após dia, Deus me dava mais graça. Meu esposo, sempre muito trabalhador, começou a fechar bons contratos e, aos poucos, nossa realidade foi mudando e melhorando. Os filhos foram chegando, depois o ministério pastoral, uma nova cidade, enfim... a vida foi tomando seu curso.

Toda mudança é desconfortável no começo. Foi difícil sair dos Estados Unidos e vir morar no Brasil, assim como foi difícil para a minha família sair do Rio de Janeiro e se mudar para uma cidade no interior de São Paulo. Eu vivia falando: "Ai, o meu Rio..." para lá, "Ai, o meu Rio...", para cá, até que um dia Deus me deu um choque de realidade. Foi como se Ele me dissesse: "Ei! Pare de ser chata! Você ainda não entendeu

Toda mudança é desconfortável no começo.

que o seu lugar não é no Estados Unidos ou no Rio de Janeiro, mas onde Eu quero que esteja?".

Sabe, minha amiga, essa verdade vale para você também! É tempo de ser destemida! De desocupar a cadeira da murmuração e declarar que você vai florescer e frutificar onde o Senhor a plantar. Ele é um Deus de recomeços, e vemos isso em vários relatos de homens e mulheres da Bíblia. Eram improváveis, e, muitas vezes, aparentavam estar nos tempos e nos lugares errados, mas isso não fazia diferença. O que importava era se o Altíssimo estava com eles!

Você se lembra de José, minha irmã? Ele não estava com sua família, mas foi governador do Egito. E Rute? Estava longe de sua terra, mas se tornou dona do campo onde um dia colheu migalhas. Davi precisou viver muitos anos em fuga, escondendo-se de seus inimigos nas cavernas, mas o Senhor fez dele o maior rei que Israel já teve. E o que dizer de Raabe, que abriu mão de seu próprio povo ao reconhecê-lO como único Deus, e foi incluída até mesmo na genealogia de Jesus? Ou dos discípulos, que deixaram Jerusalém e se embrenharam na Ásia a fim de cumprir o ide?

Esses são apenas alguns exemplos de pessoas que acreditavam no Deus de recomeços. Por isso, mulher, se você está passando por fases de recomeços, em lugares novos, com pessoas novas, lembre-se de que tudo pode ser novo em sua vida, mas Deus é o mesmo ontem, hoje e sempre! N'Ele não há variação nem sombra de mudança! Ainda que não sinta familiaridade alguma com a fase que está vivendo hoje, pode ter a certeza de que o seu Pai, que a conhece muito bem, está lá com você.

Acredita e vai!

1

Crie um diário e busque nutrir o hábito de anotar, diariamente, os momentos em que percebeu a presença de Deus no seu dia. Quais foram os desafios que Ele a ajudou a superar? Quais foram os momentos de alegria que o Pai proporcionou a você e a sua família? Em quais situações novas se lembrou de que não estava sozinha?

2

Quando a primeira semana passar, leia o que escreveu e tente se lembrar de outros momentos semelhantes, em outras estações de sua vida, em que Deus também esteve presente. Perceba como Ele é imutável, eterno e nunca a deixou sozinha — nem deixará!

*Deus é o mesmo ontem,
hoje e sempre!*

**Deus é o
mesmo ontem,
hoje e sempre!**

Dia 12

O seu Melhor Amigo

Quem tem muitos amigos pode cair em desgraça; mas há amigo mais chegado que um irmão. (Provérbios 18.24)

Agora que você já sabe da minha história com o André, preciso contar mais um detalhe que vai ser importante para o tema do devocional de hoje: assim que cheguei ao Brasil, foi como se eu estivesse casada com um estranho. Imagine só! Em um ano e meio, tivemos contato físico por apenas vinte e dois dias, todos eles em clima de férias, e, do nada, *BUM*! Tínhamos que dividir a mesma casa.

Como não houve muita convivência nesse tempo de namoro à distância, Eu e o André não tivemos grandes conflitos, apesar do choque cultural. Por isso, todos os desafios, os momentos ruins, as decisões difíceis, surgiram no casamento. Apesar de ter sido complicado, uma coisa eu posso garantir: aquele tempo de adaptação foi, com certeza, o que fez de nós dois o que somos hoje. Foi nesse período que construímos intimidade, ficamos conectados. No casamento, nós nos tornamos verdadeiros amigos!

Essa conexão que construímos no estágio inicial do matrimônio permanece até hoje. Por mais que, agora, eu já esteja muito mais ambientada e rodeada por amigos e familiares, o André é a pessoa a quem mais sou apegada, e em quem mais confio. Claro, querida, que isso começou porque ele era a única pessoa que eu tinha, mas ele se tornou a pessoa que mais conheço. Aprendi, então, que a intimidade está significativamente atrelada ao conhecimento, e Jesus também tem algo a nos ensinar sobre isso.

Quando chamou Pedro e André, o Senhor disse que faria deles "pescadores de gente" (cf. Mateus 4.19). O que Ele estava propondo era, claramente, um relacionamento entre um rabino e seus alunos[1]. Jesus estava disposto a ensinar, a se relacionar com os discípulos — e assim foi! No decorrer daquele relacionamento, Ele, um dia, disse aos seus aprendizes:

> *Já não chamo vocês de servos, porque o servo não sabe o que o seu senhor faz; mas tenho chamado vocês de*

---

[1] Os rabinos eram mestres que passavam o conhecimento aos seus alunos. Mas, diferentemente de hoje, essa interação acontecia de forma bastante próxima, em pequenos grupos, com os quais compartilhavam até mesmo as refeições. Assim, todo o ensino da Torá era atrelado ao relacionamento dos mestres com os seus alunos.

> ***amigos**, porque tudo o que ouvi de meu Pai eu lhes dei a conhecer.* (João 15.15 – grifo nosso)

Cristo nos ensina que o conhecimento, a caminhada ao lado de alguém, gera amizades. Não há como chamar alguém de amigo sem ter relacionamento com aquela pessoa, não é? Por isso que eu amo a Bíblia! Ela tem resposta e direcionamento para **tudo**!

O Senhor nos ensina que o servo não participa, mas o amigo, sim, pois compartilha a vida com o outro, divide a caminhada, os altos e baixos, as alegrias e as tristezas, as reflexões e os pensamentos, as dúvidas e as certezas. Quem é amigo sabe que é amigo!

O servo não participa, mas o amigo, sim.

Claro que o meu marido não é apenas meu amigo, porque eu me casei com ele, mas, mesmo dentro do casamento, a amizade precisa permanecer! E por mais que não pareça, são duas coisas bem diferentes. Você tem sido amiga, de verdade mesmo — daquelas que conhece e compartilha cada detalhe —, do seu esposo? Dos seus filhos? Dos seus familiares? Dos seus amigos?

Quero que, no dia de hoje, você reflita sobre seus relacionamentos. Se tem uma coisa que precisei aprender é que existem amigos que, na realidade, são colegas. Já outros são verdadeiramente companheiros. Tem aqueles para quem eu posso ligar e desabafar, e alguns a quem chamo de irmãos.

Não há nada de errado em ser um ou outro. Com certeza, em algum momento, seremos todos para pessoas diferentes, assim como outros cumprirão esses papéis específicos em nossas vidas. Porém, tal compreensão é importante e evita frustrações. No atendimento com mulheres, principalmente, vejo muitas que pensam caminhar com amigas, quando, na verdade, mantêm — por conta do tempo ou conveniência — relacionamentos tóxicos, construídos por amizades invejosas, que em nada acrescentam ou edificam. É preciso amar a todos como Jesus nos ensinou (cf. João 13.34), mas também é importante saber quem serão os que caminharão ao seu lado, pois isso fará total diferença quando se deparar com pedras no caminho (cf. Provérbios 17.17). As pessoas saberão quem você verdadeiramente é quando desenvolverem intimidade — e ela vem pelo conhecer.

Tenho certeza de que, você terá oportunidades de estreitar laços e construir amizades ainda mais fortes em sua vida, mas quero chacoalhar ainda mais a sua cabeça. E quanto a Jesus? Será que Ele pode chamá-la de amiga? Será que você tem intimidade o suficiente com Ele para garantir que anda ao Seu lado? Lembre-se, mulher, **Jesus deve ser o seu melhor amigo**. É preciso investir tempo para que isso se torne realidade! A intimidade vem do conhecer, então, não fique aí, esperando a vida passar! Conheça ainda mais ao seu Senhor!

Acredita e vai!

1

Convide Jesus para um café! Sabe quando você marca aquele *cafezinho* com as amigas para colocar as novidades em dia? Por que não fazer o mesmo com o Senhor, Quem deve ser o seu melhor amigo? Prepare algumas guloseimas, abra a sua Bíblia e converse com Ele!

2

Faça uma análise da sua vida e perceba quem são os seus amigos e quem são os seus colegas. Quais são as pessoas com quem você gostaria de caminhar com mais proximidade? Seja intencional em suas amizades — convide-os para uma visita, uma conversa... tenham um tempo de qualidade.

É importante saber quem serão os que caminharão ao seu lado, pois isso fará total diferença quando se deparar com pedras no caminho.

É importante saber quem serão os que caminharão ao seu lado, pois isso fará total diferença quando se deparar com pedras no caminho.

Dia 13

Uma rota diferente

Não foram vocês que me escolheram; pelo contrário, eu os escolhi e os designei para que vão e deem fruto, e o fruto de vocês permaneça, a fim de que tudo o que pedirem ao Pai em meu nome, ele lhes conceda. O que eu lhes ordeno é isto: que vocês amem uns aos outros. (João 15.16-17)

Tenho partilhado com você, ao longo desses dias, muito da minha história de vida. Contei a respeito de como conheci a Jesus, do meu processo de transformação, dos dias de luta, e dos dias de glória, também. Hoje, graças a Deus, diversas pessoas me conhecem como a Pastora Naiane — muitas delas foram passageiras do meu pai. Ele faz questão de me enviar fotos com aquelas que sabem quem eu sou. Apesar disso, e de saber desde muito cedo que meu chamado era cuidar de gente e estar envolvida diretamente com a obra do Senhor, atualmente, a maioria daqueles que chegam para me conhecer, à primeira vista, duvida que eu seja pastora da Assembleia de Deus.

Sou bem diferente mesmo, e o André também é, mas do jeitinho dele. Por mais que ele não seja *faveleishon* como eu, sempre desejou fazer a obra de uma maneira única. Hoje, nós pastoreamos mais de 180 igrejas, seus pastores e suas respectivas famílias. Mas nosso processo não foi nada convencional.

Ao contrário do que se pensa, há pessoas que fazem o caminho inverso do nosso e não veem o ministério do pastoreio como uma carreira escalonável. Há aqueles que gastam seu tempo construindo patrimônio para gerações futuras, mas por conta de um chamado e do amor pela obra, deixam tudo para viver da maneira mais simples possível.

O que quero mostrar com esses exemplos, minha irmã, é que não há melhor ou pior. Rotas não são definitivas e você já aprendeu isso durante a leitura dos últimos dias — eu espero. Jamais imaginaria que seria crente, que voltaria ao Brasil, que me casaria com quem me casei, que seríamos prósperos com o trabalho do meu esposo e nem que seria pastora e pregadora de uma igreja tradicional. Mas de uma coisa nunca duvidei: eu havia sido escolhida pelo Senhor!

Talvez sua rota seja diferente da usual, daquela que todos estão acostumados, ou talvez você esteja no meio do caminho — e de um caminho desconhecido, que nunca imaginou ou sonhou, sem nada na bolsa para ajudar a continuar caminhando nesse terreno inesperado. Apesar disso, mulher, lembre-se de que o que determina se você vai realizar a obra não é o lugar em que está, mas Aquele que a envia.

Se pudesse escolher onde cumprir com o seu chamado, provavelmente escolheria um país desenvolvido, com boas condições financeiras e que fosse próximo das pessoas que ama. Um lugar tranquilo, sem complicação alguma. Mas a Palavra é clara quando nos diz que não cabe a nós escolher, pois o Senhor é que sabe dos planos que tem para nós (cf. Jeremias 29.11)! **Ele é quem nos deu a tarefa de frutificarmos**, não foi escolha nossa! E se Ele a escolheu, você acha mesmo que não irá cuidar para que tudo dê certo? Ainda que seja a rota mais inesperada, que passa pelo deserto mais seco, Ele será o seu sustento.

O que determina se você vai realizar a obra não é o lugar em que está, mas Aquele que a envia.

Existe um personagem na Bíblia que é famoso justamente por estar em um terreno incerto. Nesse caso, as pessoas representam esse percurso cheio de obstáculos. Sabe quando ficam olhando para você de cima a baixo, de nariz empinado, duvidando do seu potencial? Davi sempre tinha um desses por perto. O grande rei de Israel, tão conhecido nos dias de hoje, foi esquecido pelo próprio pai e rejeitado pelos irmãos. Deus o tirou do meio das ovelhas, ungiu-o na frente de sua família (cf. 1 Samuel 16.13), encheu seu coração de preciosas promessas, mas isso não fez com que ele fosse imediatamente aceito. Em vez disso, a Palavra relata que Davi foi perseguido por pura inveja de seus adversários.

Podem até duvidar que Deus a chamou, minha amiga, mas se Ele verdadeiramente a designou para algo, chegará o tempo que isso ficará claro para todos. Cristo é o maior exemplo disso, afinal, está escrito que Ele veio para o Seu povo, e eles não o receberam (cf. João 1.11), não acreditavam que era o Messias. Ainda assim, Jesus teve milhares de seguidores, e jamais deixou de cumprir com a vontade do Pai e realizar a obra que foi dada a Ele.

Não tenha medo das rotas diferentes e improváveis só porque elas não são parecidas com as que costuma ver por aí! Foi Deus quem escolheu você! **Seja destemida!**

Acredita e vai!

Acredita e vai!

1

Busque na Bíblia três exemplos de homens ou mulheres de Deus que enchem o seu coração de inspiração. Perceba a maneira como o Senhor os escolheu e os enviou para cumprir seus chamados. Tenho certeza de que suas histórias, seus caminhos e contextos serão diferentes entre si.

2

Ore agradecendo ao Pai por Ele ter escolhido você, e pelas rotas — por mais diferentes que sejam — que pode percorrer junto a Ele.

Não tenha medo das rotas diferentes e improváveis só porque elas não são parecidas com as que costuma ver por aí!

Não tenha medo das
diferentes e improváveis só po
elas não são parecidas com as
costuma ver po

Dia 14

Converse com o Guia

Eu é que sei que pensamentos tenho a respeito de vocês, diz o Senhor. São pensamentos de paz e não de mal, para dar-lhes um futuro e uma esperança. (Jeremias 29.11)

Muitos estudos apontam que esta geração tem sido a mais ansiosa da história[1]. As doenças da mente ganham os noticiários e se apresentam como a principal causa de esgotamento — em alguns casos, até mesmo de morte. É comum ouvirmos a respeito de dores que começam na alma e, ao não serem curadas, tomam conta de todo o corpo. Esse é um assunto que não pode ser ignorado.

De uma maneira bem simples, entende-se que depressão é o excesso de passado, e a ansiedade, o excesso de futuro[2]. Nessa nossa era cheia de informações, em

[1] Augusto Cury, *Ansiedade: como enfrentar o mal do século, 2013.*

[2] SEPREV, *Depressão e ansiedade: transtornos que impedem de se viver o presente,* 2021.

que quase tudo acontece na velocidade da luz e muda absurdamente rápido, as perguntas que costumo ouvir são: "Pastora, o que será do meu futuro?", "E se os planos que fiz não se realizarem até os meus trinta anos?". Tudo parece o fim do mundo!

Se você me perguntar o que eu penso para o meu futuro, poderia passar horas compartilhando os meus planos. Planos para o ministério, para a nossa igreja local, para nossos filhos, para os projetos que lideramos... Planos não faltam! Entenda, amada, não há problema algum em pensar o futuro, mesmo sem saber o que está por vir. A própria Palavra nos garante que é natural planejar nossos caminhos, mas deixa claro que é o Senhor quem determina nossos passos (cf. Provérbios 16.9).

O testemunho que carrego de quando Deus chamou a mim e ao André para pastorearmos é muito bonito. O próprio Senhor nos disse que Ele cuidaria de nós e nos honraria! Mas na época, minha amiga, era o mesmo que ouvir: "O futuro de vocês pertence a Mim, quem vai cuidar agora, sou Eu!". Foi preciso muita coragem, confiança e fé para dizermos: "Sim, Senhor, nosso futuro está nas Tuas mãos e confiamos em Ti".

Depois de tantos dias dividindo a palavra de Deus com você, sinto de compartilhar que a confiança não é algo natural. O ser humano tem, por costume, o controle das situações em que vive, e depender de Deus anda junto com uma coisa chamada **oração**. Esse é o segredo para muitas coisas que se referem ao nosso relacionamento com Deus, porque não se confia em alguém com quem não se tem intimidade!

A oração é a conversa com o Senhor, o caminho para ficarmos mais próximas d'Ele e aprendermos a confiar n'Ele. Não estou dizendo que o processo de aceitar a dependência de Deus será fácil. Alguns dias você será teimosa — acontece comigo, também — e vai querer colocar as duas mãos no volante para tentar tomar o controle de tudo. Mas escolher esse caminho é ceder à sua própria ansiedade. O que quero dizer aqui é que você só encontrará a garantia de um futuro de paz quando estiver continuamente conectada com Ele por meio da oração.

Depender de Deus anda junto com uma coisa chamada oração.

Quero lembrá-la de um homem de Deus que, conversando com o Senhor, garantiu não só o seu futuro, mas também o do seu povo. Ao ouvir notícias tristes, daquelas bem caóticas, Neemias se viu diante de duas opções: permanecer lamentando, com medo do que o futuro reservaria para ele — e olha que tinha muitos motivos para isso, *hein!* —, ou orar em nome de todos, declarando a dependência completa em Deus. A Bíblia registra que Neemias se assentou e chorou por alguns dias, mas que ele também orou e jejuou (cf. Neemias 1.4).

As notícias diziam que sua cidade estava completamente destruída, e seu povo, à mercê de seus inimigos (cf. Neemias 1.2-3), mas isso não impediu Neemias de orar sonhando com um futuro diferente. Veja bem, não existia mais espaço algum para sonhar — o cenário era de guerra, já estava tudo destruído e, ainda assim, por meio da oração, aquele simples copeiro encontrou um espaço para imaginar algo diferente, pois ele sabia que o seu Senhor era poderoso para mudar tudo. Neemias entendeu, mesmo em meio à angústia, que **homem algum pode determinar o futuro daqueles que creem em Deus**.

Talvez você esteja passando por algum cenário de guerra em sua vida e me diga: "Pastora, para que vou perder tempo sonhando com um futuro bom, se é algo impossível?". É simples, minha irmã, esse futuro pode até parecer impossível para você, mas jamais será para o Deus a quem serve! Há um versículo que gosto muito e se encaixa perfeitamente nessa explicação: "Deus fez isso para que os homens o buscassem e talvez, tateando, pudessem encontrá-lo, embora não esteja longe de cada um de nós." (Atos 17.27 – NVI).

Você não precisa conhecer o futuro. Não tem problema desconhecer a sua rota, desde que converse com o Guia e siga atentamente as Suas instruções.

Acredita e vai!

1

Caso ainda não tenha um planejamento para os próximos cinco anos, junte-se à sua família e determine metas, e depois, pequenos alvos, ou seja, passos curtos que farão vocês chegarem aos seus objetivos. Existe alguma área que necessita de um irromper ou de um milagre? Não deixe de colocar no papel aquilo que está na sua cabeça, por mais difícil que a situação pareça ser. Siga o exemplo de Neemias!

2

Compartilhe todo o seu planejamento para o Senhor. Depois de ter contado todos os detalhes, declare: "Pai, eu planejo o meu futuro, mas quero que o Senhor guie os meus passos. Nada é tão difícil que seja maior do que o Teu agir. Eu confio e entrego o meu futuro a Ti!".

Não tem problema desconhecer a sua rota, desde que converse com o Guia e siga atentamente as Suas intruções.

Não tem problema desconhecer a sua rota, desde que converse com o Guia e siga atentamente as Suas intruções.

Dia 15

Or(ação)

Não foi isso que eu ordenei? Seja forte e corajoso! Não tenha medo, nem fique assustado, porque o Senhor, seu Deus, estará com você por onde quer que você andar. (Josué 1.9)

Você se lembra de que, lá no começo da nossa jornada, contei que "Acredita e vai" é muito mais do que uma frase de efeito ou um jargão motivacional? Não sou nenhuma coach, mas se, de alguma forma, essa frase a inspirou até aqui, saiba que é pelo poder do Espírito Santo. E é justamente a respeito dessa inspiração divina que quero conversar hoje.

Para adiantar, já digo que o devocional deste dia é fruto de uma experiência minha com Deus, de um momento em que me encontrava no mais profundo abismo. Ainda me lembro, como se fosse hoje, do dia em que recebi o diagnóstico de autismo não verbal da minha filha Bella. Fiquei arrasada! A única coisa que eu queria era desistir de tudo... a depressão tomou conta de mim. Desanimada, entristecida e desacreditada, era assim que me sentia, e os questionamentos gritavam em minha mente: "Como vou continuar pregando? O que vou falar em uma situação como essa?".

A alegria sempre foi parte da minha personalidade. Desde que me entendo por gente, sou uma mulher feliz e dinâmica, mas, quando me deparei com essa situação... foi impossível manter o sorriso no rosto! Você já passou por algum momento em que as circunstâncias adversas pareciam maiores do que você era capaz de suportar? Já navegou por ondas tão altas que seu barco parecia que ia afundar? Já uma dor tão forte que, aparentemente, a única saída era se anestesiar? Era justamente assim que eu me sentia — tudo isso e mais um pouco! Consigo até imaginar o Diabo falando, quando eu estava em meio à minha depressão: "Agora consegui calar essa mulher!".

Querida, entenda que o Inimigo não quer apenas aniquilar você, ele quer destruí-la aos poucos. O desejo dele não é apenas matar, mas roubar e destruir, também. O Inferno sai no lucro quando você paralisa, fica presa no passado, inerte, estacionada no medo, sentada, em choque, sofrendo, chorando, murmurando e esquecida de que, enquanto isso, existe toda uma vida em abundância à sua disposição, conquistada por Jesus (cf. João 10.10).

Às vezes, precisamos de um lembrete dessas verdades. Ainda bem que Deus é bondoso o suficiente para nos levantar todas as vezes que caímos! Comigo, isso aconteceu quando nada mais tinha cor ou sabor — tudo era cinza e sem graça, e a vida simplesmente passava diante dos meus olhos. Quando deixei de viver e passei a apenas existir, o Senhor me incentivou a **orar**. Eu me levantei, fui para o banheiro, encarei o meu reflexo no espelho e escutei a Sua voz dizendo: "Seja destemida! Estou cuidando de tudo, só acredita e vai! Você vai longe nessa caminhada!".

> **Deus é bondoso o suficiente para nos levantar todas as vezes que caímos!**

Uau! A partir daquele dia, fui revestida de forças, e nunca mais fui a mesma. Nada de passe de mágica ou varinha de condão, minha amiga! Aquilo lá foi o Espírito Santo. Em meio à solidão, Deus me encontrou e me chamou de volta ao que realmente importava: o relacionamento com Ele! Ali, aprendi que o "Acredita e vai" requer duas atitudes minhas. A primeira é a **fé**, afinal eu precisava acreditar, lembrar-me de Suas verdades. Mas não bastava crer paralisada, não é? De quê adiantaria? Por isso, além de crer, eu precisava **ir**, continuar em frente, sempre caminhando.

Ontem, conversamos sobre a história de Neemias. Ele orou e jejuou perante a Deus, em favor de seu povo, mas ele **agiu**! O simples copeiro não era engenheiro, construtor ou alguém abastado. Ele era um homem que acreditava, então simplesmente foi! Tomou a atitude de reedificar aquilo que havia sido destruído, e Deus concedeu graça, permanecendo com ele nesse propósito (cf. Neemias 2)!

A oração é o pontapé de qualquer ação! A partir dela, fica claro para todo mundo que você depende de Deus! O Diabo achou que iria me parar, mas naquela madrugada, naquele banheiro, orando a Deus — assim como Neemias — decidi com Ele que a minha dor seria bênção para muitas vidas. Eu acreditava e estava decidida a agir. Então, tomada pelo poder do Espírito Santo, deixei que as pessoas soubessem da minha luta, eu queria (e continuo querendo) que elas olhassem para mim e dissessem: "Não é possível que ela passa por isso e ainda é tão feliz e cheia de vida!".

O quanto a sua dor tem paralisado você? Ela jamais deve estar em pé de igualdade com a alegria e o privilégio que é se relacionar com Jesus, poder orar, crer e agir sabendo que o Senhor está ao seu lado!

Acredita e vai!

Acredita e vai!

1

Reflita por alguns minutos: quais orações você faz hoje que requerem alguma ação ou passo de fé? Tem algum testemunho que precisa contar? Alguma obra que, assim como Neemias, precisa ir lá e fazer? Não fique paralisada, tenha fé e vá!

2

Encaixe ao menos uma tarefa diária na sua rotina que faça sentido com uma de suas orações. Você precisa alcançar um objetivo? Leia e estude sobre o assunto! Precisa de um milagre? Separe passagens bíblicas para declarar e ajudar a contar seu futuro testemunho!

O quanto a sua dor
paralisado você? Ela ja
deve estar em pé de igualdade
a alegria e o privilégio que
relacionar com Je

O quanto a sua dor tem paralisado você? Ela jamais deve estar em pé de igualdade com a alegria e o privilégio que é se relacionar com Jesus.

Dia 16

Celebre o que já é

Bendito seja o Deus e Pai de nosso Senhor Jesus Cristo, que nos abençoou com todas as bênçãos espirituais nas regiões celestiais em Cristo. (Efésios 1.3)

A essa altura do campeonato, minha amiga, você conhece grande parte do meu testemunho de vida. Acredito que a parte dessa história que mais me faz dependente do Senhor é o fato de eu ser uma mãe atípica. Talvez você já tenha escutado a máxima que diz: “Para cada criança especial, Deus envia uma mãe especial”, e por mais desafiador que isso seja, também é verdadeiro.

Contei a você sobre como o diagnóstico da Bella me devastou, afinal, tudo corria bem até que, quando ela tinha um ano e meio, passou por uma convulsão febril. Eu me lembro como se fosse hoje do dia 29 de setembro de 2015... foram várias as hipóteses que recebemos dos médicos, desde epilepsia até consequências de uma possível falta de oxigenação durante o parto. Mesmo depois de várias opções descartadas, o autismo permaneceu.

Se eu falasse para você que, depois de tanto tempo, tudo ficou fácil, estaria mentindo. Costumo dizer que é uma luta diária, mas também, uma vitória diferente a cada manhã. Precisei passar pela fase da aceitação e, todos os dias, preciso alinhar as minhas expectativas com as de Deus para o futuro da Bella. Ser mãe e nunca ter ouvido alguém chamá-la assim dói demais, e eu precisei vencer as vozes do medo para ter mais filhos. Durante esse processo, tive de superar todo tipo de comparação, desde os amiguinhos da escola até em casa, com os irmãos da Bella — Dedé e Romeo. Hoje, enquanto cumpro este desafio com você, aguardo pela chegada de mais uma princesa, a Sofia Joy.

Para mim, é muito claro que o Senhor, ao longo da minha vida, permitiu que eu passasse por muitas coisas para que, no presente, pudesse agir diferente de como agiram comigo, além de poder ensinar e compartilhar a fé com tantas pessoas que passam por situações semelhantes. Mas além disso, há algo específico que aprendi com o contexto do autismo, e eu quero passar isso para você hoje.

Em 2 Reis 4.8-32, podemos ler a história de uma mãe. Não sabemos o nome da mulher sunamita, mas sua postura é inspiradora. Ela era generosa e, por meio da vida do profeta Eliseu, foi agraciada por

Deus e recebeu a palavra de que geraria um filho. Acontece que, durante a infância, o menino passou mal e morreu. Imagine o desespero dessa mãe! A dor que ela sentiu, o grito entalado na garganta... Pois bem, na verdade, não foi nem um pouco assim.

Aquela mulher tinha tanta convicção de que o menino era uma bênção de Deus que, mesmo diante daquela situação caótica, manteve-se calma. Enquanto o menino estava morto em sua cama, a mãe encontrou com um discípulo de Eliseu, que logo perguntou como estavam ela, o marido e o filho — como quando você encontra um conhecido que não vê há muito tempo, sabe? Querendo colocar o papo em dia... Em resposta ao homem, ela não gritou nem se debulhou em lágrimas, apenas respondeu: "Vai tudo bem" (cf. 2 Reis 4.26)!

Aquela mulher tinha tanta convicção de que o menino era uma bênção de Deus que, mesmo diante daquela situação caótica, manteve-se calma.

Essa história sempre mexe comigo! Minha amiga, qual é a tristeza que tem assolado a sua vida? Qual é a situação inesperada que invadiu a sua casa, ou mesmo o seu coração, e permanece aí? Eu sempre chorava e chorava, pedindo para que Deus curasse a Bella, até que o Senhor me deu uma *chacoalhada* e disse: "Pare de focar no que você não tem e passe a celebrar aquilo que Eu já fiz. Bella já é um milagre!".

Naquele momento, entendi que tudo vai bem! Mudei o meu posicionamento e passei a celebrar tudo o que minha filha já é. Decidi agir como os homens e mulheres de Deus agiram, em fé, para, assim, agradar ao meu Senhor. Noé acordava todos os dias para construir um barco sem nunca ter visto uma gota de chuva (cf. Gênesis 6), Raabe decidiu acolher os espiões por ouvir falar de um Deus que sequer conhecia (cf. Josué 2). Minha Bella não fala, mas faz parte do coral, porque estamos nos preparando para o nosso milagre. E você, o que tem feito em prol do seu milagre?

Levante-se, mulher! Saia desse lugar de *coitadinha* e **exercite a sua fé**! Tudo já foi feito, já foi consumado, Deus já nos entregou toda a sorte de bênçãos espirituais nas regiões celestiais. Celebre as suas vitórias!

Acredita e vai!

1

Nos próximos três dias, sempre que se sentir tentada a reclamar de alguma situação ou se sentir insatisfeita, pare e reformule o seu pensamento. Leve sua mente para a Verdade: Deus já a abençoou! Pratique este passo como um exercício, até que se torne natural pensar desta forma!

2

Em uma folha, faça um mapa de gratidão a Deus. Faça como quiser (por escrito, em desenhos, com notas...), mas coloque todas as bênçãos que você tem e não costuma dar tanto valor assim. Tem saúde? Alegria? Sustento? Um trabalho? Uma família? Nós nos acostumamos com algumas bênçãos do Senhor. Celebre todas elas!

Deus já nos entregou toda a sorte de bênçãos espirituais nas regiões celestiais.

Deus já nos entregou toda a sorte de bênçãos espirituais nas regiões celestiais.

Dia 17

Aproveite o caminho

Assim brilhe também a luz de vocês diante dos outros, para que vejam as boas obras que vocês fazem e glorifiquem o Pai de vocês, que está nos céus. (Mateus 5.16)

Muitos dos jovens que fazem acompanhamento comigo se encontram desesperados para descobrir um sentido para suas vidas. Eles procuram entender de Deus qual é o seu chamado, e isso é lindo! O Senhor honra aqueles que têm sede d'Ele e buscam na fonte certa as águas da vida. Mas acho que aqui, no décimo sétimo dia juntas, você já consegue concluir que as coisas não precisam — e nem são — engessadas, não é? Deus tem o controle de tudo, e Ele não desperdiça *nadinha*!

Pessoalmente, gosto muito daquela ideia a respeito dos processos da vida, que diz que "o mais importante não é o destino da viagem, mas saber aproveitar o caminho". Vivo isso com meu ministério, meu casamento, meus filhos... com tudo! Toda a minha história de vida é construída por dias comuns e rotineiros, e eu entrego todos eles ao Senhor com alegria!

"Ah, Naiane, mas é que Deus não me direcionou. Ele não veio ao meu quarto e falou em voz alta comigo, não O ouvi me chamando para algo específico...". Quando alguém me diz isso, minha resposta é: *"E daí?"*.Vai ficar parada, esperando que o Senhor apareça em carne e ossos (algo que Ele **já fez**) e diga algo específico para você, ou vai começar a trabalhar com o que já tem em mãos?

Eu sei, querida, que o Senhor é livre para agir como quiser. Existem diversos exemplos bíblicos nos quais Ele chamou, especificamente, com Sua voz audível, pessoas para obras específicas. Mas também existem outros vários exemplos de homens e mulheres que apenas confiaram em seu Deus, e fizeram o que tinha de ser feito, pois eles O conheciam suficientemente para saber qual era a Sua vontade. O que quero dizer é que você não precisa parar e estacionar quando não tem um direcionamento claro sobre o seu futuro... Pode permanecer em movimento, vivendo e entendendo que, acima de tudo, fomos chamadas para sermos imitadoras de Cristo neste mundo (cf. Efésios 5.1)!

> **Você não precisa parar e estacionar quando não tem um direcionamento claro sobre o seu futuro.**

A busca por um propósito específico faz muitos arrancarem seus cabelos, mas a missão dos filhos de Deus é a mesma: apresentarmos e revelarmos a Cristo em tudo o que fizermos. Já pensou que a sua vida pode ser a única "Bíblia" que algumas pessoas vão ler? Suas ações demostram a natureza divina? O que quem está ao seu redor enxerga?

Em todos os Seus dias terrenos, Jesus manteve Seus olhos fixos no Pai. Ele cumpriu, dentre tantas coisas, aquela missão que mencionei agora há pouco, e nós podemos nos inspirar na forma como o Senhor realizou tal tarefa:

> *— Eu nada posso fazer por mim mesmo; assim como ouço, julgo. O meu juízo é justo, porque não procuro a minha própria vontade, e sim a daquele que me enviou.* (João 5.30)

Decidi levar isso a sério. Não porque ouvi Deus em alta voz me falando que o fato de eu ser uma mãe atípica ajudaria outras pessoas, mas porque decidi usar toda a minha vida para glorificar a Deus. Não preciso que Ele me diga para fazer algo que já sei que devo fazer! Eu não preciso do milagre para glorificá-lO, para contar a minha história, para me alegrar... posso fazer isso no caminho!

Sou realmente grata pela oportunidade de poder viver tudo isso com minha filha Bella, pois, se hoje tenho uma visão totalmente diferente sobre o que é uma criança autista, é porque o Senhor, em Sua infinita sabedoria, quis assim. Não tenho dúvidas de que Deus a usou para me ensinar algo que, sem ela, eu jamais saberia! A Bella é um instrumento do Senhor que tem sido usado não só dentro da nossa casa, mas na vida de tantas outras famílias atípicas.

A partir desse pensamento, fomos caminhando e aproveitando a vista! Surgiu, no meu coração e de meu esposo, um desejo pelo ministério infantil. O André, como empresário, investiu em uma das maiores frentes digitais infantis e cristãs do Brasil, o 3 Palavrinhas, com quatro milhões de visualizações diárias — fora os outros projetos voltados para os pequenos. No processo, eu também sempre disse que a minha igreja seria uma igreja de inclusão, com pessoas preparadas para receber mães atípicas e seus pequeninos! Sei que muitas delas não vão à igreja por vergonha, por não conseguirem assistir ao culto, ou ainda porque nem conseguem sair de casa. Então, decidi ajudar essas mulheres e crianças!

Compartilho essas decisões com você, amada, para que entenda que aí dentro do seu coração, **você já sabe o que fazer**. Aproveite o caminho! Ande como o Senhor andou! Seja o bom perfume de Cristo por onde for (cf. 2 Coríntios 2.15)! Faça o seu melhor, decida transformar a sua dor em algo útil, que ajude outras pessoas, e que, acima de tudo, glorifique a Deus!

Acredita e vai!

1

Você se lembra daqueles álbuns de fotos que tínhamos antigamente? Em muitas casas, eles ainda estão lá, é claro, mas, hoje em dia, é mais comum manter um álbum no próprio celular. Quero incentivá-la a abrir sua galeria (ou um álbum físico, se for o caso) e observar a **sua vida**! Veja o seu caminho, a sua jornada, e perceba a bondade do Senhor em todos os processos.

2

Ao longo da semana, tire fotos de momentos bons, alegres, ou até mesmo daqueles que não são tão agradáveis. Registre a sua vida intencionalmente — não apenas aquelas fotos posadas, com sorrisos pensados. Capture os pequenos momentos do dia a dia! Deus está em cada um deles.

Eu não preciso do milagre p
glorificá-lO, para conta
minha história, para me alegra
posso fazer isso no camin

Eu não preciso do milagre para glorificá-lO, para contar a minha história, para me alegrar... posso fazer isso no caminho!

Dia 18

Um suporte necessário

Levem os fardos pesados uns dos outros e, assim, cumpram a lei de Cristo. (Gálatas 6.2)

A minha experiência como imigrante nos Estados Unidos foi, provavelmente, a que mais forjou o meu caráter. Eu passei por poucas e boas, minha amiga, e, para ser sincera, não quero esquecer de nada. Qualquer pessoa que muda de país ou de cultura, em um contexto desesperado, para buscar uma vida melhor, vive situações desafiadoras. Esse era o caso de Rute — uma das minhas mulheres favoritas na Bíblia.

Sempre que posso, ministro sobre a história dessa imigrante. Você pode ler, especialmente no capítulo 2 do livro de Rute, o que fez essa mulher ser tão diferente a ponto de estar presente em nada mais, nada menos, do que a genealogia de Jesus. Ela não foi como Samuel, por exemplo, que já cresceu em contato com as Escrituras, dentro do tabernáculo, aprendendo a discernir a voz do Senhor. Na vida de Rute existiu um antes e um depois de uma tragédia, ela tinha marido, cunhado, sogro e sogra, toda a sua estrutura familiar era boa, e já estava certa, definida, até que a desgraça assolou sua família, matando todos os homens e deixando as mulheres sozinhas em uma terra seca.

A realidade foi tão triste, tão angustiante, que Noemi, a sogra de Rute, pediu para que seu nome fosse alterado para Mara (cf. Rute 1.20). Apesar das dificuldades — as visíveis e invisíveis, como as que existiam dentro das almas daquelas mulheres —, Rute permaneceu fiel à sua sogra, e, mesmo sendo aconselhada a voltar para sua terra, seu povo de origem, ela escolheu ficar com Noemi. Ela decidiu que o Deus e o povo de sua sogra seriam os dela, também (cf. Rute 1.15-18).

Tudo isso pode parecer bonito e altruísta, mas pense que loucura! Aquela mulher não tinha garantia nenhuma. Noemi era viúva e poderia nunca mais se casar ou gerar filhos. Ela não tinha absolutamente nada a oferecer para Rute. Naquela época, o valor das mulheres estava atrelado ao nome do marido e da família. Se o homem da casa morresse e ela não tivesse filhos, a situação era pior ainda! As viúvas sobreviviam de ofertas e dos restos das colheitas (cf. Deuteronômio 24.19-22). Mas algo no coração de Rute falou mais alto do que o medo: **ela decidiu ser um suporte**.

Pensando nisso, eu me lembro de um dia impressionante que o Senhor me permitiu viver. Estava em um hortifruti no Rio de Janeiro, e a última coisa que você espera quando está escolhendo uma maçã ou uma banana para a sua casa, é que alguém lhe ofereça um bebê. Não sei você, mulher, mas isso nunca havia passado pela minha cabeça, e ainda assim, foi exatamente o que aconteceu. Naquele dia, uma mulher me parou, e disse: "Olha, eu estava observando você de longe e percebi que é diferente. Este bebê aqui no meu colo é o meu filho, e vim aqui porque quero dar ele para você, não tenho condições de criá-lo.".

Óbvio que tomei um susto! Geralmente somos parados por pessoas que pedem coisas, não que dão — muito menos, alguém que queira doar um bebê! Ainda bem que fui tomada pelo Espírito Santo! Apontei o dedo para aquela mulher, e disse: "Você não vai doar esta criança! Deus me colocou aqui hoje para dizer a você que Ele vai suprir todas as suas necessidades". Ela confessou, então, que era filha de um pastor levita, mas estava desviada dos caminhos do Senhor. Já havia tentado doar a criança para muitas pessoas e ninguém nunca havia oferecido ajuda. Eu simplesmente a coloquei dentro do meu carro e a levei para minha casa. Lá, cuidamos do bebê e entramos em contato com o proprietário do imóvel em que ela morava — a quem devia o aluguel — e quitamos sua dívida.

A história já seria impressionante o suficiente se terminasse aí, mas, acredite se quiser, ela continua. Perguntei à mulher do que mais ela precisava, e ela me respondeu que a criança precisava de leite, então fomos ao mercado para comprar algumas coisas. Assim que saímos do estabelecimento, com as mãos cheias de sacolas, essa mulher me pediu um abraço. Enquanto eu a abraçava, outra moça, da loja à frente, perguntou se poderia falar comigo. O dia já estava tão atípico que nem sabia mais o que esperar! Ela disse: “Observei essa mulher praticamente o dia todo. Está aqui toda hora, debaixo desse Sol, e, quando entrou no meu estabelecimento e me pediu um copo d’água, recusei. Estou envergonhada, pode orar por mim?”.

Sabe por que eu contei tudo isso a você hoje, minha amiga? Porque quero incentivar você a ser um suporte necessário. Naquele dia, Deus usou minha vida para abençoar a vida daquela moça — inclusive a da dona da loja em frente ao mercado, que certamente aprendeu alguma coisa com toda a situação. Aquela mãe me chamou de “anjo”, mas a verdade é que não somos anjos, não. Somos apenas **instrumentos** nas mãos do Senhor.

Somos apenas instrumentos nas mãos do Senhor.

Foi assim com Rute, quando ela não se deixou abater e permaneceu cuidando de sua sogra. Foi assim comigo naquele dia no hortifruti. E pode ser assim com você! Se estivermos disponíveis, Ele nos usa e, enquanto cuidamos de outras pessoas, Deus cuida de nós e dos nossos.

Veja, por exemplo, o que aconteceu com Rute após ser um suporte para Noemi: acidentalmente, ela entrou no campo de Boaz para colher migalhas caídas no chão, em busca de um sustento. Aquele homem lhe estendeu favor (cf. Rute 2.3-12), e o campo onde ela colheu as migalhas caídas no chão, tempos depois, se tornou sua propriedade (cf. Rute 4.13). Talvez você esteja vivendo uma estação difícil (eu sei como é!), e se a sua única opção for, assim como Rute, ir para o campo, vá! Mas permaneça fiel a Ele, mantenha-se em movimento, e, enquanto isso, seja um **suporte**. Creia que Deus cuida de você enquanto você cuida dos outros!

Acredita e vai!

1

Antes de sair de casa para o seu próximo compromisso, ore a Deus pedindo para que o Senhor a use como um suporte necessário na vida alguém. Peça ao Espírito Santo que direcione seu coração a entender como e a quem ajudar.

2

Por que não estar preparada de antemão? Separe alguns alimentos não perecíveis, ou até mesmo uma Bíblia nova, e carregue em sua bolsa ou em seu carro, por onde você for. Caso encontre alguém em necessidade, faça a sua parte! Ame aquela pessoa em ação e em verdade!

Se estivermos disponíveis, Ele nos usa e, enquanto cuidamos de outras pessoas, Deus cuida de nós e dos nossos.

Se estivermos disponíveis, El nos usa e, enquanto cuidamos de outras pessoas, Deus cuida de nós e dos nossos

Dia 19

Um legado maior que você

O justo jamais será abalado; para sempre se lembrarão dele. Não temerá más notícias; seu coração está firme, confiante no Senhor. (Salmos 112.6-7 – NVI)

Recentemente, eu participei de uma homenagem em Pindamonhangaba, no estado de São Paulo, com minha família. A cidade comemorou os 65 anos de existência do IBAD (Instituto Bíblico da Assembleia de Deus), o primeiro do Brasil, e decidiu honrar a memória dos avós do meu esposo inaugurando um monumento lindo. Em sua ilustração, além da Bíblia e mais alguns livros, há também o busto do Pr. Kolenda Lemos e de sua esposa, Miss Ruth Dóris Lemos. No momento solene, estavam lá as autoridades da cidade, da igreja, e o meu esposo, em nome da terceira geração da família, ao lado do meu filho Dedé, representando a quarta. Uau! Foi uma coisa tão linda de se ver! Quanta emoção, e que legado!

Isso pode não ser compreendido por todos, infelizmente. Vivemos em uma geração cada vez mais individualista, que convida as famílias, inclusive, a não pensarem no futuro, nos filhos, e em seus legados. Para muitos, o que importa é o hoje, o agora, a satisfação de suas vontades como indivíduos. Filhos? Para quê?! Não se deixe enganar por esses discursos, minha amiga, essa é uma visão pobre e limitada.

O que vemos na Bíblia é o contrário: **Deus é um Deus de gerações.** Ele é o Deus de Abraão, Isaque e Jacó, e Sua Palavra é fiel nas mais extensas genealogias. E por que isso? Para que o Homem entenda que nunca foi sobre ele, mas sempre sobre Ele. Deus tem o Seu roteiro, Sua história, tudo já está bem escrito. Nós não somos os protagonistas, pois o enredo é bem maior do que podemos imaginar. E isso não é triste, não! É uma bênção! Temos a oportunidade de fazer parte de algo maior, algo que não começa e não termina em nós, mas que, pelo favor e pela misericórdia de Deus, pode passar por nós.

Nós não somos os protagonistas, pois o enredo é bem maior do que podemos imaginar.

O legado que vem sendo deixado pelos ancestrais do meu esposo é lindo e valioso, e é uma honra para mim fazer parte de tudo isso! Apesar da história não ser minha ou dele, mas do Senhor, como mulher de Deus, decidi viver os meus dias para deixar uma marca no mundo, e essa marca é o amor de Jesus! Não importa de onde eu vim, e qual a improbabilidade de eu estar aqui, o que importa é que, nesta fração da história que está em minhas mãos, farei o meu melhor!

Quero que saiba que, independentemente da sua família de origem, você pode se comprometer com a missão do Reino. Pode ajudar a desenvolver essa narrativa que começa e termina em Jesus, fazendo o Seu o nome conhecido! Pode começar com aqueles que estão dentro de sua casa, com seus vizinhos, em sua igreja, cidade ou país. Temos nas Escrituras um exemplo maravilhoso de alguém que teve sua vida transformada e colaborou em um pedacinho de toda essa história: Raabe, a prostituta.

Aquela mulher não era da descendência de Abraão, nem sequer tinha qualquer vínculo com o povo de Deus. Como a Bíblia não fez questão de esconder, ela era apenas uma prostituta, mas uma prostituta que **creu** (cf. Josué 2.8-11)! Ela é mais um dos tantos exemplos que temos na Palavra a respeito de como Deus tem um hábito peculiar de pegar pessoas improváveis e colocá-las em lugares de destaque. Isso é loucura para o mundo!

Não importa quão bagunçada a sua vida esteja, ou o título que deram a você, se escolher a Deus, Ele pode reverter a sua história. Você pode até ser lembrada pelo que fez, mas terão que respeitá-la pelo que se tornou. As pessoas verão o seu nome na genealogia de Deus — pois agora você é filha d'Ele — e na galeria dos heróis da fé (cf. Hebreus 11)! O Deus em que creio é Aquele que nos tira do muro da vergonha e nos coloca entre homens e mulheres que fazem parte de Sua história. O seu passado não define o seu futuro!

Agora, mulher, entenda que, para fazermos parte dessa história, temos de abrir mão da nossa — de tudo aquilo que éramos antes de Cristo. Muitas vezes, o novo vem depois da destruição. Veja Raabe: tinha sua cidade, seu povo, mas, para viver o que Deus tinha para ela, precisou abrir a porta para a destruição primeiro. Foi necessário abrir mão de tudo o que ela conhecia. Do que você precisa abrir mão hoje para que o novo chegue? Teria coragem, assim como Raabe, de abrir a porta para a destruição?

Saiba que aquele cordão vermelho que salvou Raabe e sua família (cf. Josué 2.17-18) representa o sangue do Cordeiro que, hoje, cobre a sua vida! Ele a purifica e a fortalece. Coloque seus pensamentos nas coisas do Alto, minha amiga! Você não precisa mais se preocupar com seu passado, pois ele não definirá o seu futuro. Construa um legado eterno com o seu Deus!

Acredita e vai!

1

Faça um momento de contação de histórias em sua casa. Chame seus familiares, dos mais novos aos mais velhos, e compartilhem uns com os outros algumas histórias que viveram. Preste atenção nos relatos e veja o cuidado de Deus ao escolher os improváveis para a Sua obra na Terra.

2

Talvez você represente a primeira geração de sua família que reconheceu Jesus como Senhor e Salvador, e não há problema algum nisso, irmã! Muito pelo contrário! Caso possua algum familiar que ainda não conhece o amor de Jesus, aproveite esta oportunidade para dar um testemunho a ele, destacar como Deus sempre cuidou de vocês e apresentar o plano de salvação. O Senhor pode contar com você?

Você não precisa mais
preocupar com seu passado, po
ele não definirá o seu futur

Você não precisa mais se preocupar com seu passado, pois ele não definirá o seu futuro.

Dia 20

E agora?

[...] E eis que estou com vocês todos os dias até o fim dos tempos. (Mateus 28.20)

Estamos quase encerrando nossa jornada de vinte e um dias, querida amiga! Durante esse tempo, muitos testemunhos foram compartilhados para ajudar no seu crescimento e na sua caminhada de fé. Eu acredito que você já não é a mesma mulher de vinte dias atrás, mas talvez, neste momento, esteja se perguntando: "E agora, Naiane, o que eu faço?".

Acredito que o primeiro passo é você ser gentil consigo mesma. Muitas sementes foram plantadas aqui e, naturalmente, existe um tempo de germinação até que os frutos possam ser colhidos. Já viu alguém colher alguma coisa um dia depois de ter plantado? Acontece a mesma coisa na vida! Não adianta ficar impaciente, chorando, ou até mesmo parada, olhando para o seu passado. Você precisa focar no que semeia hoje, nas boas sementes que Cristo deu a você, para que a próxima colheita seja de bons frutos.

Há dois dias, fizemos uma reflexão sobre a vida de Rute, você se lembra? Quero que traga essa mulher de Deus à sua memória por mais alguns minutos. Algo que podemos ver em sua vida é que ela não permaneceu em sua zona de conforto, mas, em sua zona de **confronto**. Rute trabalhou e venceu! É claro que o processo de catar espigas caídas no chão (cf. Rute 2.2-3) não foi o que necessariamente garantiu a vitória para a sua vida, mas o contexto que a levou até aquela oportunidade, sim! Ela foi, de fato, um suporte necessário para Noemi, mas, acima de tudo, escolheu o Deus de sua sogra como seu. Ela acreditou no Senhor certo, e agiu! Como consequência, Boaz fez questão de garantir a ela que Aquele em que estava buscando refúgio a recompensaria (cf. Rute 2.12).

Vou contar uma coisa a você, mulher: ter fé dá trabalho! Rute precisou *arregaçar as mangas* e partir para cima da sua bênção. Ela não apenas decidiu abraçar o Deus e o povo de sua sogra, mas permaneceu caminhando, agindo. Aquela mulher trabalhou até o entardecer (cf. Rute 2.17) e deu bom testemunho a qualquer pessoa que a observasse.

É exatamente isso que precisamos fazer! O que o Senhor espera de nós, hoje, é que creiamos n'Ele a ponto de sairmos da zona de conforto, tendo fé de que, por mais que estejamos em terra estranha, Sua bênção nos alcançará se decidirmos depender d'Ele. Rute tinha todos os motivos para voltar para Moabe ou desistir no meio do caminho, mas ela sempre se levantava e saía para trabalhar. A sua dor nunca pode ser maior do que a alegria em servir a Deus — antes, ela precisa ser combustível para você continuar.

A sua dor nunca pode ser maior do que a alegria em servir a Deus — antes, ela precisa ser combustível para você continuar.

Erga a cabeça, irmã! Não é porque Rute não passava de uma estrangeira, sem marido, sem homem algum para sustentá-la, que deveria estar de cabeça baixa sempre. Deus tinha um favor maior para a vida dela, Boaz estava chegando!

Muitas pessoas passam por situações de necessidade, como você talvez esteja passando — e eu também já passei! Mas há um momento da vida em que precisamos mudar de postura e aceitar que Deus trabalha em diferentes estações. Houve um tempo em que a casa da minha família era toda mobiliada com coisas do lixo. Nós até sabíamos qual seria o dia em que as pessoas colocariam todas aquelas quinquilharias na calçada. Era uma bênção para nós, mas isso não significava que ficaríamos pegando lixo a vida inteira, entende?! Deus tinha para mim e para a minha família uma bênção maior: uma casa própria, com móveis escolhidos e comprados por nós.

É claro, minha amiga, que quero incentivá-la a ser grata por todas as pessoas que o Senhor usa para abençoar a sua vida, e pelas oportunidades que Ele dá nos momentos difíceis. Jamais me esquecerei de quando Elaine de Jesus me deu o meu primeiro notebook de presente, ou de quando ganhava uma gorjeta a mais no trabalho. Eu me lembro, também, de quando fui comprar meu primeiro carro... só tinha olhos para os mais velhos possíveis. Seja grata, mas entenda que não pode viver de migalhas para sempre! Naquela época, a minha mente estava condicionada à escassez e, sem perceber, eu não dava espaço para o novo de Deus chegar.

Diante disso, você está em dúvida a respeito do que fazer agora? Aqui está a resposta para a sua pergunta: avance para o próximo nível! Creia em Deus, dependa do Senhor, e faça algo útil com suas mãos. Ele certamente irá honrá-la!

Acredita e vai!

1

Chega de murmuração! Faça algo hoje com aquilo que está à sua disposição. Perceba ao seu redor o que você pode fazer para avançar. Não precisa ser nada extraordinário, toda corrida começa com o primeiro passo! Sua casa está bagunçada? Arrume e crie uma rotina de limpeza. Você tem ideias para o Reino que ainda não colocou no papel? Faça isso e as realize! Rute não tinha nada, foi pegar as espigas que caíam no chão, mas estava fazendo alguma coisa, irmã! Não fique parada, mexa-se!

2

Faça uma oração — se possível, agora mesmo —, agradecendo ao Senhor por cada oportunidade que Ele tem colocado em sua vida. Agradeça pelas bênçãos, pela provisão, pela alegria, e declare: “Deus, eu recebo tudo o que o Senhor tem para mim nesta estação. Em nome de Jesus, declaro que nada pode impedir o meu avanço!”.

um momento da vida
que precisamos mudar de
tura e aceitar que Deus
balha em diferentes estações.

Há um momento da vida em que precisamos mudar de postura e aceitar que Deus trabalha em diferentes estações.

Dia 21

Acredita e vai!

Portanto, meus amados irmãos, mantenham-se firmes, e que nada os abale. Sejam sempre dedicados à obra do Senhor, pois vocês sabem que, no Senhor, o trabalho de vocês não será inútil. (1 Coríntios 15.58 – NVI)

Chegar ao fim desses vinte e um dias é, antes de tudo, uma honra! Saber que pude trilhar esta caminhada com você, mulher destemida, só aumenta em mim a gratidão e a sensação de que tudo está valendo a pena. Diferentemente, talvez, de outros devocionais que você já leu, o desejo do meu coração, desde o início, foi aproximá-la de mim, para que, juntas, pudéssemos estar mais perto de Jesus.

Eu quis trazer temas aqui que fizessem referência direta ao meu testemunho pessoal, pois uma das verdades que carrego comigo é: "**Se Deus foi capaz de transformar a minha história, pode transformar a**

sua também!". Não tive nenhuma intenção de impressionar ou trazer fórmulas mágicas, minha irmã. As palavras escritas neste livro carregam a essência de quem eu sou: a Naná *faveleishon*, completamente apaixonada pela presença de Deus. Por isso, espero que, nesses dias que se passaram, você tenha construído hábitos que edificam a sua fé e que a ajudarão a contar a sua própria história com o Senhor!

O devocional *Destemidas: 21 dias avançando pela fé* é um presente do Pai não só para mim, mas para nós — eu e você! Passamos por diversos temas, desde o encontro com o Senhor, o chamado, a cura para as feridas, a busca pelo ministério, a sua verdadeira identidade... *ufa*! Quanta coisa boa! Vivemos tantos dias juntas que, agora, você já me conhece bem o suficiente para saber que nada, absolutamente nada que tenho hoje é meu. Tudo é desse Deus tão generoso e cheio de amor que me encontrou! Eu amo ser parte de tudo aquilo que Ele está fazendo na Terra, na Igreja e na vida dos Seus escolhidos. Minha vida não existe senão para compartilhar Sua verdade, amor e poder. E digo tudo isso para incentivar você, minha amiga, a desfrutar desse presente tanto quanto eu. Sei que já falei muito isso, mas não custa relembrar: **você também consegue!**

Tudo é desse Deus tão generoso e cheio de amor que me encontrou!

Mesmo passando por altos e baixos, Cristo nos faz triunfar e ainda ser exemplo para os demais. Assim como o apóstolo Paulo, eu e você podemos dizer:

> *Irmãos, quanto a mim, não julgo havê-lo alcançado, mas uma coisa faço: esquecendo-me das coisas que ficam para trás e avançando para as que estão diante de mim,* ***prossigo para o alvo, para o prêmio da soberana vocação de Deus em Cristo Jesus.*** (Filipenses 3.13-14 – grifo nosso)

Avance, mulher! Esteja sempre em movimento, levante-se com a força do Senhor — nunca, jamais, com a sua própria! Seja grata a Deus e O adore, pois Ele é o único digno de toda honra e toda glória. Essa história não é sobre mim ou sobre você, é sobre Jesus, e nós precisamos apenas caminhar naquilo que Ele quer contar. Esteja disponível para espalhar a mensagem, fale bem alto para todo mundo ouvir!

Hoje eu sei que se passei aquela madrugada chorando no banheiro, foi para ouvir o melhor conselho que poderia receber de Deus. Sei que se vivi tudo o que vivi, se aprendi tudo o que aprendi, foi para poder repassar tudo a você, que tem este livro em mãos. Então, mulher, **seja destemida!**

Acredita e vai!

1

Nesses vinte e um dias, você leu muita coisa a respeito da minha história e dos meus aprendizados. Agora, pegue um caderno e faça dele seu caderno de aprendizados, assim como este livro é. Escreva suas histórias com Deus: os momentos difíceis e os cheios de alegria, as bênçãos e as provações, os dias em que foi dormir chorando e aqueles em que estava tão alegre que nem queria adormecer. Faça desse diário o seu fiel companheiro, assim você estará documentando o seu avanço para, em breve, testemunhar para as pessoas **a sua história com Ele**.

2

Ore a Deus agradecendo por cada momento devocional ao longo desses vinte e um dias — eu, com certeza, farei isso! Declare, de todo o coração:

"Senhor, agradeço por cada semente que foi plantada em mim nesses vinte e um dias. Declaro que elas caíram em solo fértil, e que nada pode impedir que elas germinem. Pai, eu creio em Ti, eu dependo exclusivamente de Ti, então que aconteça comigo assim como cada exemplo bíblico que vi nesta jornada! Que o Teu Espírito Santo me ajude a ser fiel no pouco, a sair da inércia e agir, a perceber que não existe o processo ideal, engessado, perfeito, mas um Deus perfeito que refaz tudo. Eu declaro que sou destemida, para a honra e glória do Teu nome! Obrigada, Senhor, pelo Teu favor — eu o recebo. Conte comigo para realizar a Tua obra nesta Terra. Em nome de Jesus, amém!".

Avance, mulher! Esteja sempre em movimento, levante-se com a força do Senhor — nunca, jamais, com a sua própria!

Avance, mulher! Esteja sempre em movimento, levante-se com a força do Senhor — nunca, jamais, com a sua própria!

Referências bibliográficas

DIA 1

MUAMBEIRO. *In:* DICIONÁRIO Michaelis on-line. São Paulo: Melhoramentos, 2023. Disponível em: *https://michaelis.uol.com.br/palavra/laYW8/muambeiro/*. Acesso em outubro de 2023.

THE AMERICAN DREAM. *In:* Merriam-Webster DICTIONARY. Springfield: Merriam-Webster, 2023. Disponível em: *https://www.merriam-webster.com/dictionary/the%20American%20dream*. Acesso em outubro de 2023.

XUXA, o documentário. Direção: Pedro Bial. Produção de Globoplay. Brasil, 2023.

DIA 6

'Video show' relembra concurso que escolheu a nova loira do Tchan. Publicado por *GShow* em 21/02/2017. Disponível em: *https://gshow.globo.com/tv/noticia/video-show-relembra-concurso-que-escolheu-a-nova-loira-do-tchan.ghtml*. Acesso em outubro de 2023.

DIA 12

REINKE, André Daniel. **Aqueles da Bíblia: história, fé e cultura do povo bíblico de Israel e sua atuação no plano divino.** Rio de Janeiro: Thomas Nelson Brasil, 2021.

DIA 14

CURY, Augusto. **Ansiedade: como enfrentar o mal do século**. São Paulo: Editora Benvirá, 2013.

Depressão e ansiedade: transtornos que impedem de se viver o presente. Publicado por *SEPREV* em 08/07/2021. Disponível em: *https://seprev.sp.gov.br/saude/dicas-de-leitura/depressao-e-ansiedade-transtornos-que-impedem-de-se-viver-o-presente#:~:text=A%20depress%C3%A3o%20remete%20muito%20ao,tentativa%20de%20controle%20do%20amanh%C3%A3*. Acesso em outubro de 2023.

Anotações

Este livro foi produzido em Adobe Garamond Pro 12 e
impresso pela Gráfica Promove sobre papel Pólen Bold 80g
para a Editora Quatro Ventos em novembro de 2023.